◆ 글 **원종우**

하고 싶은 일과 할 수 있는 일을 했을 뿐인데 과학 커뮤니케이터, 철학도, 록 뮤지션, 대중음악 운동가, 칼럼니스트, 정치사회 논객, 음모론 전문가, 다큐멘터리 작가 등 온갖 경력이 붙었어요. 과학 전문 팟캐스트 〈파토의 과학하고 앉아있네〉를 만들고 운영했으며, 〈김어준의 뉴스공장〉 과학 코너를 맡았습니다. 이밖에 이런저런 TV 프로그램에 출연하고 있으며, 한국과학창의재단 이사의 감투도 쓰게 되었어요.
과천과학관 과학페스티벌 SF2015 VR '석굴암'을 세계 최초로 공동 기획했으며, 4차산업혁명과 메타버스를 주제로 기업, 관공서, 교육청, 도서관, 각급 학교에서 강연하고 있어요. AI 기업 솔트룩스 메타버스 세계관 구축 기획을 담당했고, NFT 게임 '실타래' 크레이티브 팀 작가로 활약했으며, 갤럭시 코퍼레이션 메타버스 구축 자문위원으로도 활동했습니다.
다양한 분야에 호기심이 많아 《나는 슈뢰딩거의 고양이로소이다》라는 SF 소설을 쓰기도 했지요.
지은 책으로는 《조금은 삐딱한 세계사》, 《파토의 호모 사이언티피쿠스》, 《파토 원종우의 태양계 연대기》가 있고, 함께 쓴 책으로는 《엉뚱하지만 과학입니다》 1~10권, 《호모 사피엔스 씨의 위험한 고민》, 《과학하고 앉아있네》 1~10권 등이 있어요.

◆ 글 **최향숙**

역사와 문화, 철학 등 인문 분야에 관한 책 읽기와 재미있는 상상하기를 즐겨하다, 어린이 책을 기획하고 쓰기 시작했습니다. 아들을 키우면서 수학과 과학에 관심을 두기 시작했고, 아들이 영재학교에 진학하면서 덩달아 첨단 과학과 미래 사회에 흥미를 갖게 되었습니다. 그리고 10년 뒤, 50년 뒤, 300년 뒤의 사람과 사회를 공부하고 생각하다, 《넥스트 레벨》 시리즈를 기획하고 집필하게 되었습니다.
지금까지 기획하고 쓴 책으로는 《수수께끼보다 재미있는 100대 호기심》, 《우글와글 미생물을 찾아봐》, 《아침부터 저녁까지 과학은 바빠》, 《엉뚱하지만 과학입니다》 시리즈 등이 있습니다.

◆ 그림 **젠틀멜로우**

우리 주변에서 흔히 볼 수 있는 자연과 사물에 감정을 담아서 생각을 그림으로 표현하는 작업을 해 오고 있습니다. 동화책뿐 아니라 전시, 패키지, 책 표지, 포스터, 삽화 등 다양한 분야에서 활동합니다.
지금까지 그린 책으로는 《Ah! Art Once》, 《Ah! Physics Electrons GO GO GO!》, 《열세 살 말 공부》, 《엉뚱하지만 과학입니다 7 나만 몰랐던 코딱지의 정체》, 《색 모으는 비비》, 국립제주박물관 어린이박물관 도록 《안녕, 제주!》 등이 있습니다.

넥스트 레벨 메타버스

원종우·최향숙 글 | 젠틀멜로우 그림

이 책의 제목인 '넥스트 레벨'이 뭐냐고? '비교 불가능한, 이전보다 더 나은, 보다 발전한……' 이런 뜻이야! 한마디로 한 수 위라는 거지! 이 책의 주인공인 '나'와 함께 3개의 Level을 Clear하고, 메타버스 분야의 넥스트 레벨이 되어 보자!

차례

이 책을 보는 법 · 4

프롤로그 또 하나의 세상이 열립니다 · 8

Level 1 메타버스, 온다 VS 안 온다

다큐툰 메타버스? 어디로 가는 버스? · 12

Check it up 1. 시사
메타버스는 무엇일까? · 22

Check it up 2. 역사
메타버스는 선사시대에도 있었다? · 27

Check it up 3. 기술
진짜처럼 느껴지게 하는 메타버스 기술 · · · · · · · · · · · · · · · · · · · 32

Level 2 메타버스 동상이몽

다큐툰 내가 메타버스를 탄 이유 · 38

Check it up 1. 기업
메타버스에 뛰어든 기업들 · 48

Check it up 2. 역사
AR/VR 기기 개발 경쟁의 비밀 · 56

Check it up 3. 경제
메타버스 성공의 열쇠는 돈? · 61

Check it up 4. 사회
메타버스 성공의 또 다른 열쇠, 오픈 · 67

Level 3 　메타버스가 여는 새로운 세상

- 다큐툰 **메타버스와 나의 하루** ····· 74
- Check it up 1. 기술
  메타버스를 가능케 할 기술들 ····· 88
- Check it up 2. 사회
  지금과는 다른 세상 ····· 95
- Check it up 3. 철학
  나, 우리 그리고 메타버스 ····· 103

Next Level 　메타버스가 던지는 질문들

- 다큐툰 **가상과 현실의 차이** ····· 110
- Check it up 1. 중독
  메타버스에 중독된 사람들 ····· 116
- Check it up 2. 선택
  우리에게 던져진 새로운 선택지 ····· 123
- Check it up 3. 의문
  나는 실재할까? ····· 132

Another Round **우리는 Next Level!** ····· 141

프롤로그 또 하나의 세상이 열립니다

1999년에 상영돼 큰 인기를 끌었던 영화 〈매트릭스〉는 컴퓨터가
만들어 낸, 현실과 똑같은 가상 세계의 모습을 보여 줍니다.
그 속에서 사람들은 아무 의심도 없이 일상을 살아가죠.
이와 비슷한 주제는 SF에서 이미 오랫동안 다뤄졌지만,
이때만큼 큰 충격과 현실감을 안겨 준 적은 없었습니다.
그 이유는 컴퓨터의 빠른 발전 속에서 그런 기술이 상상의 차원을
넘어 현실 속에서 정말로 구현될지도 모른다는 쪽으로
우리 생각이 바뀌었기 때문이었죠.

사실 우리가 사는 이 세상이 일종의 환상이라는 개념은
수천 년 전부터 있었습니다. 우주 전체가 신이 꾸는 기나긴
꿈이라던가, 실제 세상은 따로 있고 우리는 그 그림자만을 보고
있다는 주장에 이르기까지 그런 생각들은 끝없이 반복되어 왔죠.
그랬던 이유는 우리 인간이 가진 감각과 인식의 한계를 깨닫고,
현실 너머 한 차원 높은 곳에 더욱 진실하고 충만한 세상이
존재하기를 간절하게 바라는 마음이 함께 작용했기 때문입니다.

그런데 이제 인간이 그런 세상을 만들어 낼 힘을 실제로 손에 넣기 시작했습니다. 물론 아직은 영화 속처럼 완벽하진 않지만, 현실과는 다른 형태와 구조를 갖는 대안적인 세상을 건설해서 그 속에서 많은 사람과 함께 제2의 인생을 살아가는 단계로 들어서고 있습니다. 그 세상을 우리는 '메타버스'라고 부르죠.

메타버스를 구축하고 운영하기 위해서는 다양한 기술이 필요합니다. 스마트폰, 인공지능, VR 기술, 나아가 뇌과학적 접근도 요구되죠. 더불어 이 새로운 세계를 맞이하기 위한 사회적, 인문학적 고찰도 필요합니다. 메타버스 속에서의 경제와 정치는 현실 세상과는 여러 가지로 다를 것이고, 그 속에서 새로운 질서를 만들고 정착시키는 과정은 현실 사회에서만큼이나 중요하기 때문입니다.

이제 현실만큼이나 중요한 무게를 갖게 될 가상의 세계, 메타버스를 준비해 나갈 때입니다. 이 책이 그 길고 복잡한 길을 만들어 가는 데 도움이 되길 바랍니다.

언제부터인가 메타버스란 단어가 친근해졌어.
여기저기서 메타버스, 메타버스 하니까.
다들 메타버스라는 명칭은 알지만
정작 메타버스가 뭔지 물어보면
속 시원한 답을 하진 못해.
메타버스는 도대체 뭘까?
지금부터 이 궁금증의 답을 찾아볼 거야.
우리 함께 LEVEL 1부터 Clear 해 볼까?

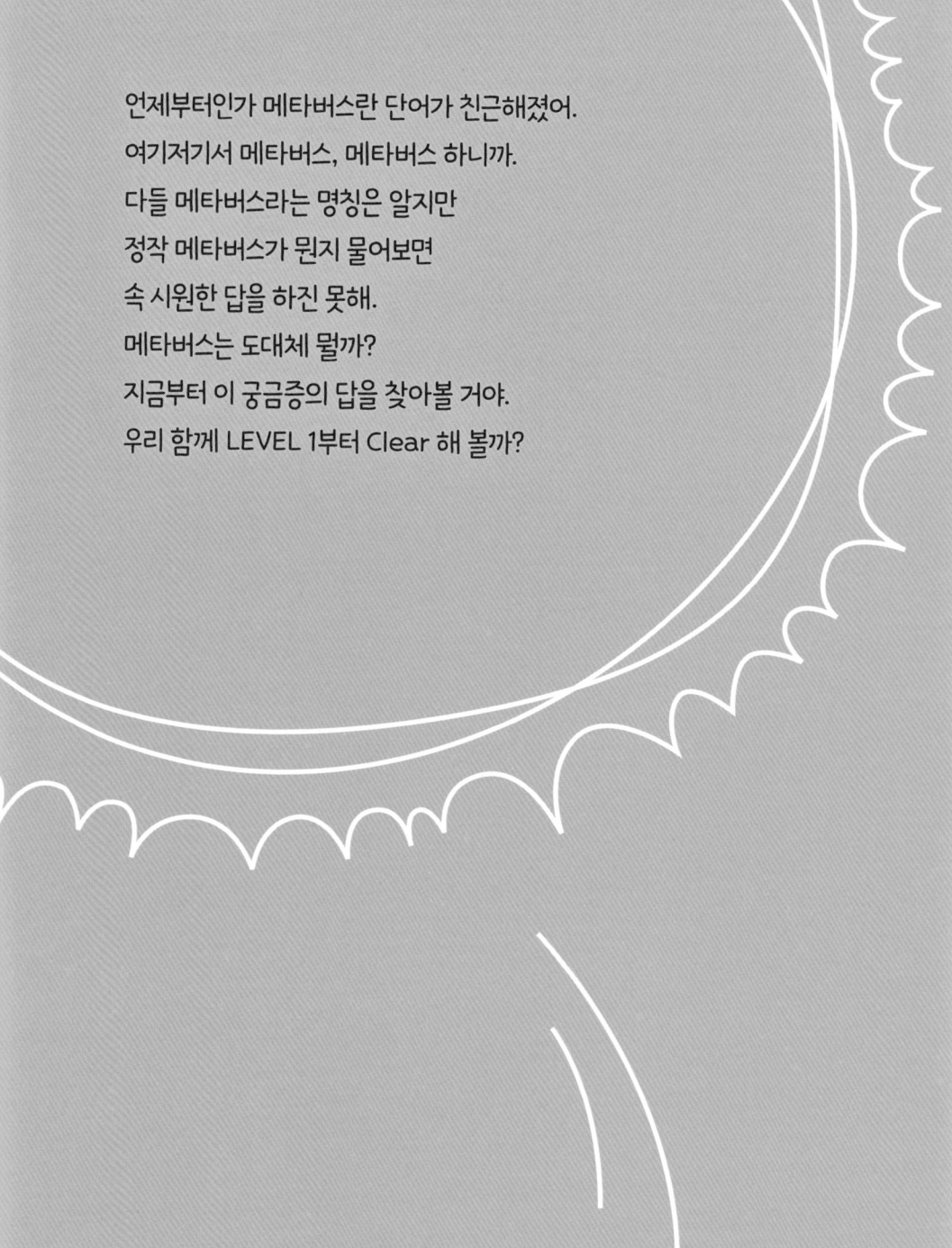

Level 1

메타버스,
온다 VS 안 온다

메타버스? 어디로 가는 버스?

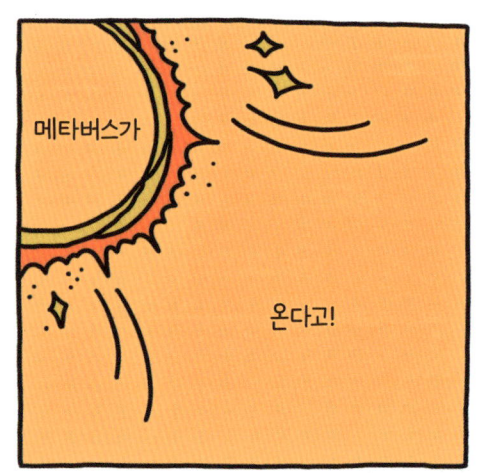

Check it up 1   시사

메타버스는 무엇일까?

메타버스, 한 번쯤은 들어봤을 거야!

그런데 그게 뭔지 정확히 아는 사람은 없지. 왜냐고?

아직은 그 실체가 명확하지 않기 때문이야.

==메타버스는 너무나 갑자기 우리 생활에 쑤욱~== 들어왔어.

2019년 코로나19 바이러스가 전 세계로 퍼졌잖아.

사람들은 만남을 자제하고 집콕 생활을 해야 했지.

하지만 사람은 사람을 만나야 하고, 이야기를 나눠야 하고,

감정을 교류하고, 소통해야만 살아갈 수 있는 존재야.

사람은 사회적 동물이니까!

그래서 사람들은 비대면 접촉을 하기 시작했어.

SNS로 안부를 주고받고, 동영상으로 자신의 근황을 보여 줬지.

채팅으로 화상으로 모임을 하기도 했어.

그러다 새로운 곳으로 눈을 돌렸어.

바로, **가상 공간과 아바타**야.

사람들은 인터넷에 가상 공간과 아바타를 만들고

그 아바타를 통해 가상 공간에서 사회생활을 하기 시작했어.

친구를 만나고, 새 친구를 사귀고, 함께 논 거야.

쇼핑하기도 하고, 반대로 물건을 팔기도 했지.

코로나19로 현실에서 할 수 없는 일들이었어.

기업들은 신입사원 연수를 가상 공간에서 열고

학교는 아바타들이 참여하는 가상 입학식을 열었지.

공연을 못 하게 된 스타들은 가상 공간에서 공연했어.

이 **가상현실의 세계가 바로 메타버스**야.

메타버스 Metaverse

= 메타 Meta + 버스 Universe

= 가상 + 세계

사실 메타버스라는 말은 1992년에 닐 스티븐슨이 쓴 소설
《스노 크래시 Snow Crash》에 처음 등장해.
꽤 오래됐지?
하지만 관심 있는 사람이나 알았지, 아는 사람이 얼마나 됐겠어?
그런데 2018년에 메타버스에 대해 누구나 쉽게 알 수 있는
영화가 등장했지.
바로, 스필버그 감독의 〈레디 플레이어 원 Ready Player One〉이야.
이 영화는 2015년 발간된 동명의 소설을 원작으로 했는데,
아직 안 봤으면 꼭 봐!
메타버스가 어떤 세상인지 금방 이해가 간다니까!

© Warner bros.

영화의 한 장면

영화 〈레디 플레이어 원〉에 등장하는 메타버스는 학교, 쇼핑몰, 클럽과 같은 현실에 있는 공간은 물론 마법의 세계, 상상의 세계와 같은 현실에 없는 공간까지 아우르는 세상이야. 주인공은 슈트와 고글, 글로브 등을 착용하고 메타버스로 들어가는데, 그곳에서는 주인공 아바타가 주인공과 똑같이 말하고 행동하지.

이 영화 속 메타버스는 '오아시스'라고 하는데,
오아시스는 수많은 행성으로 구성되어 있어. 이 행성들은 학교처럼
현실을 그대로 구현한 곳도 있고, 마법의 세계, 영화 속 세계,
게임의 세계와 같이 상상을 현실처럼 구현한 곳도 있지.

영화에 등장하는 행성들

카레이싱 게임을 실제처럼 즐길 수 있는 행성

영화를 보는 건 물론, 아예 영화로 들어갈 수 있는 행성

아바타를 통해 마법사도 될 수 있는 행성

시간을 거슬러 가, 보고 싶은 사람을 만날 수 있는 행성

ⓒ Warner bros.

오아시스는 현실과 상상을 인터넷이란 가상 공간에 구현한 메타버스였어.
영화를 통해 이런 메타버스를 보았는데, 코로나19로
우리가 경험한 메타버스가 얼마나 허접하게 느껴졌겠어?

그러니 메타버스를 애들 놀이 사이트나 좀 더 실감 나는
게임 정도로 생각하는 사람도 있는 거야.
그런데 정말 그럴까?

2021년, 페이스북이 회사 이름을 '메타'로 바꾼 거 알아?
메타버스의 메타에서 따왔대.
앞으로 페이스북은 메타버스에 중점을 둘 거라는 의지를
회사 이름을 바꾸면서 확실하게 표명한 거야.
페이스북뿐만 아니라 엔비디아, 마이크로소프트,
구글 등과 같은 세계적인 기업들도 메타버스 관련 사업에
기업의 미래를 걸고 있어.

세계적 기업들이 메타버스를 향해 움직이는 만큼,
=='메타버스'는 분명 오고 있어.==
다만 코로나19로 충분히 준비되지 못한 채
우리 앞에 나타난 것뿐이야.
그리고 지금까지 인류의 역사만 봐도
메타버스는 올 수밖에 없어.

Check it up 2 | 역사

메타버스는 선사시대에도 있었다?

많은 학자가 메타버스 즉 가상의 세계는

선사시대에도 있었다고 해. 무슨 말이냐고?

원시인들이 그린 알타미라나 라스코 동굴벽화를 떠올려 봐.

17만~1만 년 전에 그렸다고 추측되는 이들 벽화에는

수많은 동물과 사냥하는 원시인이 그려져 있어.

라스코 동굴벽화
프랑스 도르도뉴 몽티냐크 근처
베제르 계곡의 절벽
위쪽에 있어.

학자들은 이 그림 속에는 원시인들의 희망, 다시 말해

당시 ==인간들의 상상 속 세계가 투영==되어 있다고 주장해.

원시인들은 무엇을 바라고 상상했을까?

안전하게, 많은 짐승을 사냥할 수 있었으면 하는 것이었어.

원시인에게 가장 절박한 문제는 생존이었으니까.

그래서 커다랗지만 순한 짐승들을 한 마리도 아닌 무리로 그리고,

그 짐승들을 사냥하는 자신들의 모습도 그렸어.

하지만 현실은 벽화와는 달랐어. 아마존 원주민들의

생활을 보여 주는 다큐 프로그램을 보면 알잖아.

사냥이 얼마나 어려운 일인지.

아니, 인간이 자연에서 생존하는 것이 얼마나 힘들고 고된 일인지!

그래서 원시인들은 바람과 상상을 현실에 옮겨 놓았어.

자신들이 가진 기술을 총동원했지.

동굴 벽이나 바위에 그리고 칠하는 기술로 말이야.

> 동굴벽화는 당시 인류가 가진
> 최고의 기술로 사람들의 바람과 상상을
> 동굴 벽에 옮겨 놓은
> 가상 세계인 거야.

그 뒤에도 인간은 머릿속의 상상을

자신들이 가진 최고의 기술로 현실에 가져다 놓았지.

언어와 문자, 인쇄술을 이용해서

신화와 전설, 소설이라는 형태의 가상현실을 창조했고

그것을 지면 혹은 책에 가져다 놓았어.

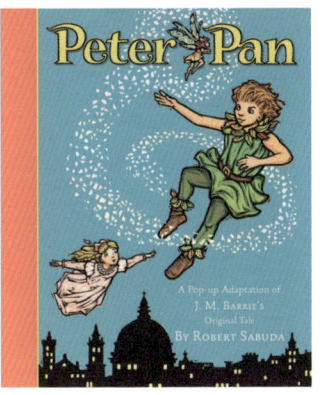

인류가 만든 또 다른 가상 세계
세종의 아들 안평대군이 꿈에서 본 무릉도원을 화가 안견이 그린 '몽유도원도'야. 무릉도원은 복숭아꽃이 피는 마을이라는 뜻인데, 우리나라를 비롯한 중국 등 동양에서는 이곳을 신선이 사는 곳 즉 이상향으로 여겼어. 이상향이란 완전한 세계를 뜻하지.
'몽유도원도'는 이상향이라는 가상현실을 종이 위에 구현한 거야. (위)
우리가 잘 아는 동화,《피터 팬》이야. 이 이야기 역시, 네버랜드라는 가상현실을 책으로 구현한 거야. (아래)

스테인드글라스 같은 공예 기술이나 건축과 공학 기술 등을
이용해서는 신의 세계라는 가상현실을 창조했고, 이를 우리가 사는
현실 공간에 신전, 교회, 사원이라는 이름으로 옮겨 놓았지.

성당이란 이름의 메타버스
이탈리아 로마 바티칸 시국에 있는 성 베드로 대성당의 천장이야.
저 위에 정말 하느님이 계실 것 같은 느낌이 들지 않아?

영사 기술이 발전하면서는 영화라는 가상현실을 창조했고
이를 필름과 스크린에 옮겨 놓았어.
그렇다면 앞으로는?
우리가 가진 최고의 기술을 이용해
우리의 상상을 현실에 가져다 놓는다면,
우리는 어디에 무엇을 창조할까?

세계적인 사회학자 마누엘 카스텔은 이렇게 말했어.

문화는 커뮤니케이션에 의해 매개되고 실행된다.
그렇기 때문에 역사적으로 생산된 우리의 신념과 코드의 체계인
문화는 근본적으로 변형되며, 그 과정은 시간이 갈수록
새로운 기술적 시스템에 의해 가속화될 것이다.

마누엘 카스텔 《네트워크 사회의 도래》

우리는 무엇으로 커뮤니케이션하지?
그 커뮤니케이션으로 변형된 문화는 뭐지?
그리고 지금 문화에 가장 큰 영향을 미치는 기술은 뭘까?
이런 질문에 대한 답을 생각해 보면,
우리가 우리의 상상을 그대로 가져다 놓을 곳은 바로
==인터넷이라는 가상 공간==이 아닐까?
==그 공간에 만들어질 가상현실의 세계,==
==그게 우리가 지금 말하는 메타버스==인 거야.
그리고 메타버스는 현재 개발되고 있는 기술을 이용해,
더욱 진짜 같은 모습으로 올 거야.

Check it up 3 | 기술

진짜처럼 느껴지게 하는
메타버스 기술

메타버스는 인터넷이라는 가상 공간에 만들어지겠지만, 진짜처럼 느낄 수 있게 만들어야 해. 어떻게 그러냐고? 메타버스에서 진짜처럼 느껴지게 만드는 핵심은 바로 '기술'이야. 많은 기업이 메타버스에서 보고 듣고 만지는 모든 것을 현실과 똑같이 느낄 수 있도록 돕는 기술을 개발하고 있어. 대표적인 게 **헤드 마운트 디스플레이** Head Mounted Display, HMD **야**. 스키 고글처럼 두 눈을 덮도록 쓰는데, 그러면 그 눈앞에 가상현실 Virtual Reality, VR 이 펼쳐져. VR이란 사람의 감각을 이용해 사이버 공간을 실제처럼 느끼게 하는 기술이야.

HMD는 액정 패널과 볼록렌즈를 이용해 만들어.
두 개의 액정 패널에
촬영 각도가 다른 영상을 플레이해 입체감을 주고
이를 볼록렌즈로 확대해 큰 화면처럼 보이게 하는 거야.

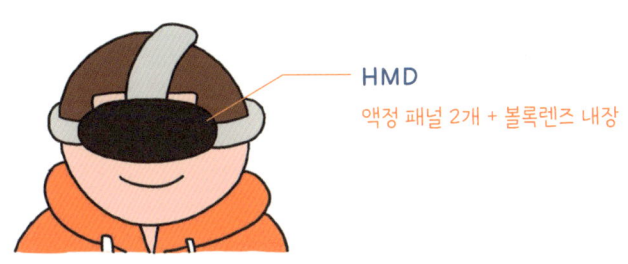

HMD
액정 패널 2개 + 볼록렌즈 내장

보통의 3D 안경과 다른 점은 고개를 돌렸을 때 느껴져.
옆을 보면 옆의 광경이, 뒤를 보면 뒤의 광경이 보이거든.
그래서 HMD를 쓰면
마치 그 공간 안에 들어가 있는 것 같은 느낌을 받게 돼.
현재 HMD를 개발하는 데 가장 주력하는 점은 해상도야.
영상이 선명해야 현실감이나 생동감을 느낄 수 있으니까.
해상도만큼 또 중요한 건 영상 처리 속도야.
이 속도가 느리면 얼굴을 휙 돌렸을 때
화면이 빨리 따라오지 못하거든.

HMD는 또한 가벼워야 하고, 헤드폰의 성능도 좋아야 하고,
배터리는 오래 가면서 뜨거워지지 않아야 해.
헬멧 형태의 기기도 개발 중이야.
진동, 바람, 열기, 습기, 심지어 냄새까지도 나도록 하려는 거지.

컨트롤러도 빼놓을 수 없어.
컨트롤러는 VR 환경 속에서 손의 움직임을 구현해.
손으로 잡는 원형으로 된 조이스틱 장치는
엄지와 집게손가락의 움직임
정도가 구현돼.
이보다 발달한 게 장갑 형태야.
장갑 손가락 마디마다 센서를
달아서 어느 부분이 굽혀지고
펴지는지 인식하고, 화면 속에서
뭔가에 닿거나 물체를 만지면
진동과 열 등을 느낄 수 있게 하는
장치가 개발되고 있어.

우아! 좀비를 때렸더니 손이 진짜 아프네!

최근에는 아예 컨트롤러 없이 카메라로 손가락의 위치와 모양을
트래킹하는 기술이 쓰이기도 해.

온몸으로 감각을 느끼게 해주는 기술도 개발하고 있어.

대표적인 게 <mark>VR용 하네스</mark>야. VR용 하네스는 달리거나 점프와 같은 몸의 움직임을 실제와 연결해 줘.

특수한 신발과 바닥을 통해 실제로는 제자리걸음을 하지만 메타버스 안에서는 걷고 뛰는 움직임을 표현하는 거야.

VR용 하네스(좌)와 VR 조끼(우)
진동을 감지하고 게임 속에서 공격 당하거나 뭔가에 부딪히는 등의 여러 가지 충격을 전달해.

많은 기업이 이런 기술들을 앞세워 메타버스 시장에서 앞서 나가려 하고 있어.

지금까지 메타버스가 무엇인지 알아봤어.
그리고 메타버스에 대해 실망한 사람들이 있음에도 불구하고
메타버스가 올 수밖에 없는 이유를 살펴봤지.
이제부터는
메타버스를 선도하는 사람들을 만나
메타버스를 어떻게 만들고 있는지 살펴보려고 해.
그러면 메타버스가 뭔지 이해하게 될 거야.
더불어 메타버스를 성공적으로 만들려면
무엇이 필요한지도 함께 생각해 보는 시간을 가져 보자.

Level 2

메타버스
동상이몽

내가 메타버스를 탄 이유

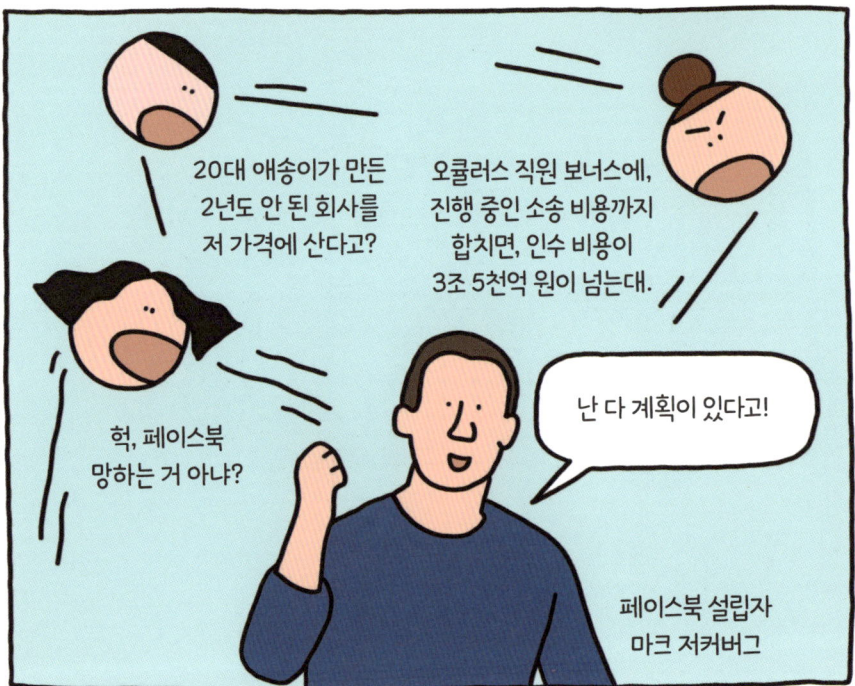

우리 엔지니어들은 정말 열심히 연구했어.

> Check it up 1 기업

메타버스에 뛰어든 기업들

과학자들은 오래전부터 메타버스에 대해 상상했어.
하지만 메타버스가 뭐다, 딱 잘라 정의하기는 어려웠지.

메타버스의 4가지 시나리오

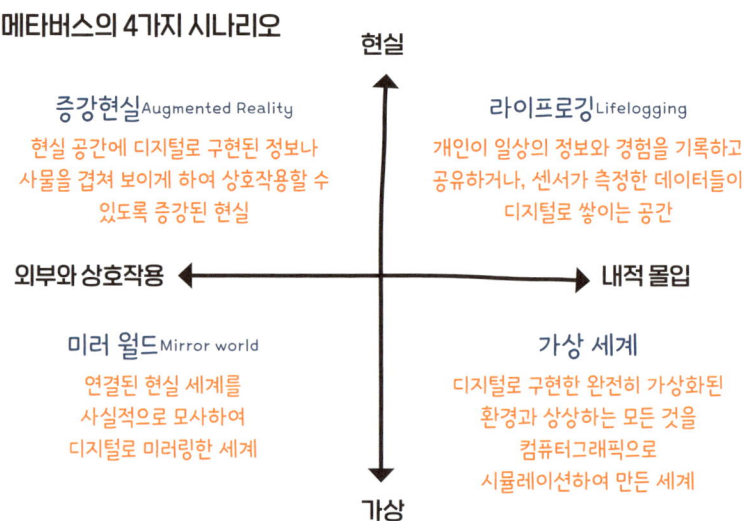

그래서 2007년, 메타버스의 4가지 시나리오를 만들었어.

옆 표의 4가지 가운데 하나에 포함되는 기술이나 서비스라면

모두 메타버스라고 할 수 있어.

하지만 많은 기업이 이 중 하나에 중점을 두면서도

여러 분야를 융합하며 자기 방식대로 메타버스를 만들어 가고 있지.

그래서 ==메타버스는 이 중 하나일 수도,==

==이 모든 것이 융합된 것일 수도 있는 거야.==

그런데 기업이 살아남으려면,

새로운 분야와 기술을 선도해 나가는 것이 중요해.

그래야 영향력을 유지할 수 있고, 그만큼 돈도 벌 수 있으니까.

메타버스도 마찬가지지.

그래서 많은 기업이 각자의 강점을 기반으로

메타버스 시대를 이끌어갈 전략을 짜고 있어.

메타의 경우는 '==라이프로깅=='에 강점이 있는 기업이야.

라이프로깅은 개인과 개인의 일상을 기록하고 공유하는 거야.

지금도 많은 사람이 하는 SNS 활동과 크게 다르지 않지.

그래서 메타는 페이스북, 인스타그램과 같은 자회사 SNS를

메타버스의 영역으로 가져오려고 해.

페이스북, 인스타그램 등 메타의 SNS 가입자 수가 3억 명인데,

메타의 주 수입원은 이들을 대상으로 한 광고야.

이들이 메타버스 시대에도 메타의 서비스를 이용한다면

메타는 앞으로 더욱 큰 수입은 물론

강력한 사회적 영향력도 얻을 수 있어.

그래서 기존의 라이프로깅을 확대해서

아예 메타버스 속의 삶으로 발전시킬 수 있도록

VR 기기와 서비스 개발에 엄청난 투자를 하는 거야.

이를 위해 메타는 메타버스에서 즐길 수 있는 게임, 피트니스 등

다양한 분야의 콘텐츠 확보에도 열을 올리고 있어.

자신들이 개발한 VR 기기를 통해 메타버스를 종일 즐겨도

싫증 나지 않도록 준비하는 거야.

에픽게임즈와 같은 게임 회사는 게임을 만드는 그래픽 기술로

'==가상 세계=='를 구현할 수 있는 강점을 가지고 있지.

에픽게임즈는 자신들의 그래픽 툴을 공개하고

누구나 무료로 쓸 수 있게 했어.

이건 메타버스 시대를 선점하려는 전략이라고 볼 수 있어.

자기들의 툴을 사용해 만든 게임이나 가상 세계가 많을수록

이후 본격적으로 메타버스 시대가 열렸을 때

자신들의 툴이 표준이 될 가능성이 크니까.

뭔가의 표준이 되면, 엄청난 영향력이 생기게 마련이야.

그에 따라 수익도 커지게 되지.

더불어 게임 그래픽 기술과 '공연'이라는 콘텐츠가 합쳐지면

막대한 수입을 올릴 수 있다는 걸 확인했어.

2021년, 아리아나 그란데 공연을 통해 말이야.

게임 회사가 게임 이외의 콘텐츠로 돈을 벌 수 있는

아이템을 마련한 거야.

상상하는 모든 것을 그래픽으로 구현할 수 있는
기술에 게임 아이템, 공연 등의 콘텐츠를
개발하고 판매한 노하우가 합쳐지면……,
대박 나겠군!

구글은 지구 전체를 실제와 똑같이 디지털 화면으로 옮겨 왔어.

구글 어스라는 '미러 월드' 유형의 메타버스지.

구글은 구글 어스를 통해 땅을 사고파는 형식으로,

수익을 창출할 수 있다는 것도 보여 줬어.

현재 미러 월드는 '디지털 트윈' 개념으로 발전하고 있어.

현실 세계의 모습만을 거울처럼 보여 주기만 하는 게 아니라

그 속에서의 여러 활동, 움직임 등도 함께 시뮬레이션하는 거야.

이런 기술은 현실적으로도 굉장히 활용도가 높아.

디지털 트윈과 현실
왼쪽은 오른쪽 현실의 공장을 디지털 트윈 기술로 똑같이 구현한 화면이야. 공장 가동 전, 디지털 트윈에서 시뮬레이션하면 연료와 재료를 절약하고 사고 위험도 줄일 수 있어.

예를 들어, 도시의 하수도 설비를 디지털 세계에 복제해 놓고
비가 많이 내리도록 설정한 다음 시뮬레이션해.
그러면 침수가 되거나 무너지는 등
사고가 날 위험 지점을 미리 알 수 있겠지?
이를 체크해서 비가 많이 내리기 전에 조치하면,
인적, 물적 피해는 물론
그로 인한 사회적 비용을 엄청나게 줄일 수 있어.

빌 게이츠가 세운 MS(마이크로소프트)는 '증강현실'에 힘을 쏟고 있어.
증강현실은 현실 공간에 디지털로 구현된 정보나 이미지가 겹쳐
보이게 하는 거야. 포켓몬GO처럼 말이야.
MS는 '홀로 렌즈'라는 기기를 이용하는데, 이 기기를 쓰면
SF 영화에서 보는 홀로그램 형태의 증강현실이 나타나.
MS는 2016년에 이미 미항공우주국과 함께
홀로 렌즈로 화성 위를 걷는 체험을 선보였지.
또 다양한 산업 분야에서 홀로 렌즈를 서비스하고 있어.

증강현실과 항공기 제작
유럽 최대 항공기 제조 기업인 에어버스도 MS의 홀로 렌즈를 사용해 제조 공정 시간을 1/3로 줄였어. 항공기 부품은 수천수만 개인데, 증강현실을 이용하면 금세 살펴 문제를 찾을 수 있어. 그만큼 사고 위험도 줄어드는 거지.

참고로, MS는 '기업 업무의 메타버스화'를 목표로 하고 있어.

대부분 기업은 MS의 윈도우, 파워포인트와 같은

프로그램을 써.

MS는 이 프로그램들을 현실과 증강현실 모두에서

쓸 수 있는 메타버스 시스템을 마련했지.

메타버스 시대에도 사람들이 계속

MS의 프로그램을 쓰게 하려는 거야.

구글은 안경 형태의 증강현실 기기 개발에 힘쓰고 있어.

구글은 자신들의 강점인 엄청난 데이터를 기반으로 AI를 이용해 서비스하려고 하기 때문이야.

예를 들어, 구글 글라스를 쓰고 외국인과 이야기하면 안경 렌즈에 번역된 내용이 뜨는 거야.

이 밖에도 세계의 각 나라와 기업들도 메타버스 서비스와 기기 개발에 뛰어들고 있어.

우리나라 네이버 같은 기업은 코로나19로 대면 접촉이 어려웠을 때 '제페토'와 같은 서비스로 메타버스 시장에서 두각을 나타냈어.

중국 기업 엑스리얼은 2024년에 AR 글라스를 출시하며 메타버스 시장 선점에 나섰고.

일본은 아바타로 등교하는 메타버스 고등학교를 세웠고, 유럽연합은 여러 나라가 함께 메타버스 컨트롤 타워를 만들었지.

그 밖에도 **많은 기업이 메타버스 시대를 대비하고 있어.**

Check it up 2 │ 역사

AR/VR 기기 개발 경쟁의 비밀

그런데 뭔가 좀 허전하지 않아?

세계적 기업 하면 떠오르는 애플 이야기가 없잖아?

애플은 메타버스에 대해 아무 전략이 없을까? 그럴 리가!

사실 애플은 다른 기업들에 비해 메타버스에 관한 관심이
적은 편이었어. 게다가 코로나19 팬데믹 이후,
대부분 기업의 메타버스와 관련된 사업이 지지부진했지.
그래서 메타버스에 대한 투자를 우려하는 사람들도 많았고,
메타버스에 대해 별 관심이 없어 보인
애플의 판단이 옳았다고 생각하는 사람도 있었어.

하지만 많은 회사가 메타버스에 대한 투자를 멈추지 않았어.

그리고 애플 역시 XR_{Extended Reality} 기기 개발에 뛰어들었어.

XR이란 증강현실과 가상현실, 그리고 두 가지 모두

서비스 가능한 기술을 말해.

결국 애플은 '공간 컴퓨팅'이라는 새로운 개념을 내놓으면서

가장 발전된 고글 장비를 출시했지.

조용해 보였지만 물밑에서 엄청난 준비를 해 왔던 거야.

그런데 기업들이 ==왜 메타버스 기기 개발에 힘을 쏟는 걸까?==

애플뿐만 아니라 메타, 구글, MS, 삼성, 엑시리얼 등 많은 기업이

AR/VR/XR 기기 개발에 열을 올리고 있잖아!

답은 간단해.

이런 기기가 ==메타버스로 들어가는 GATE==가 되기 때문이야.

우리는 인터넷에 접속하기 위해

컴퓨터나 스마트폰 같은 기기를 사용해.

그런데 메타버스 시대가 와도 그럴까? 아냐!

메타버스 시대에는 고글이나 안경 같은 AR, VR 기기로

인터넷과 메타버스에 접속할 거야.

그래서 너나 할 것 없이 AR, VR 기기 개발에 뛰어드는 거야.

그리고 이 개발 경쟁은 정말 중요해.

다음 표는 웹의 역사를 간단히 정리한 거야.

웹web은 우리가 흔히 인터넷이라고 부르는

world-wide-web의 준말이지.

학자들은 웹이 아래와 같이 3단계를 거쳐 진화한다고 보고 있어.

구분	WEB 1.0	WEB 2.0	WEB 3.0
플랫폼	WWW	모바일	메타버스
디바이스	PC	스마트폰	VR/AR 기기

웹 1단계는 인터넷이 널리 보급되기 시작한 1990년~2000년대로

이때는 컴퓨터를 통해 www에 접속했어.

웹 2단계는 스마트폰이 등장하며

모바일 인터넷으로 웹을 이용했던 시기야. 지금도 2단계야.

그리고 **지금 우리는 웹 3단계로 나아가고 있어.**

3단계가 바로 메타버스의 시대지.

인터넷을 메타버스로 접속할 거라고!

그런데 웹 1단계에서 2단계로 넘어가며 인터넷 접속 기기,

즉 디바이스가 컴퓨터에서 스마트폰으로 대체됐어.
이처럼 2단계에서 3단계로 넘어갈 때도 디바이스가
바뀔 거라고 보고 있어.
그 디바이스가 바로 VR/AR 기기지.

웹의 역사에서 **디바이스 경쟁**은 엄청나게 중요해.
이를 보여 주는 대표적인 사례가 애플과 노키아야.
2000년대 초반, 휴대전화의 대명사는 핀란드의 기업 '노키아'였어.
이때 이미 '스마트폰'이 등장했지만,
노키아는 전화를 걸고 문자를 보내는 정도의 휴대전화에 만족했어.
누구나 컴퓨터를 한 대씩 들고 다니리라고 확신하지 못했던 거야.
그러던 2010년, 애플이 스마트폰을 시장에 내놓았어.
몇 년도 안 돼, 휴대전화는 스마트폰으로 대체됐지. 그 결과는?
노키아는 잊히고, 애플이 노키아의 지위를 차지했어.
그 뒤 스마트폰을 통한 여러 가지 사업과 영향력으로
애플은 웹 2.0의 시대를 자신의 시대로 만들었어.
세계 최고의 기업으로 우뚝 선 거야.

디바이스를 장악한 애플의 영향력은 정말 어마어마해.

얼마 전 애플이 스마트폰 사용자가 허락했을 때만

위치를 추적할 수 있도록 정책을 바꿨어.

그래서 가장 큰 타격을 본 기업이 어딘지 알아?

바로 메타야.

SNS 기업인 메타는 사용자의 위치 정보가 중요해.

사용자의 위치에 따라 광고가 달라지니까.

그런데 사용자 위치 정보를 마음대로 수집할 수 없게 됐으니,

광고주들이 떨어져 나가 메타의 손해가 이만저만이 아니었지.

이처럼 **디바이스를 손에 쥔 기업의 영향력**은 어마어마해.

그래서 세계적인 기업들이 모두

VR/AR 기기 개발 경쟁에 뛰어드는 거야.

그 기기 경쟁에서 앞서는 기업이

오늘날 애플과 같은 지위의 기업이 될 수도 있으니까.

반대로 그 경쟁에서 뒤처지는 기업은 노키아처럼

그저 그런 기업으로 우리들의 기억에서 사라질 수도 있지.

한마디로, 이 경쟁은 미래 시장을 두고 벌이는

기업의 운명을 건 전쟁일 수도 있는 거야.

Check it up 3 경제

메타버스 성공의 열쇠는 돈?

처음에 인터넷이 등장했을 때,

인터넷은 정보를 찾거나 채팅하거나 게임하는 공간이었어.

그런데 인터넷이 그렇게만 남았다면 지금처럼 발전할 수 있었을까?

그렇지 않아. 아니 그럴 수 없었을 거야.

정보를 찾고 채팅이나 게임을 하려고 사람이 모이자

거기에 광고하려는 사람이 생겨났어.

그러자 기업들은 더 많은 사람을 인터넷으로 끌어들이기

위해 노력했지. 게임, 만화, 영화, 뉴스 등등의 콘텐츠와

메일, 블로그, 카페 등등의 서비스를 제공한 게 대표적이야.

이유를 생각해 봤어?

왜 인터넷 기업들은 우리에게 공짜로 메일을 쓰게 해 줄까?

왜 글과 사진, 동영상을 올릴 SNS 서비스를 제공할까?

왜 우리에게 동영상을 만들어 올리고 볼 수 있게 해 줄까?

그건 다 사람들을 끌어들이기 위해서야.

==사람들을 끌어들여야, 돈이 생기니까!==

메타버스도 마찬가지야.

사람들이 많이 이용하고 북적대야 돈이 돼.

그래서 에픽게임즈가 아리아나 그란데 공연을 개최해

공연이라는 콘텐츠를 통해 사람들을 끌어들이고

그 안에서 수익을 창출할 방법을 시험한 거야.

그리고 성공했지.

인터넷과 전혀 상관없을 것 같은, 소위 말하는 명품을 만드는

기업들도 메타버스에 관심을 두기 시작했어.

이탈리아 패션 브랜드 '구찌'는 제페토에 '구찌 가든'을 열었어.

이탈리아 피렌체를 배경으로 디자인한 구찌 가든은

다양한 게임과 퀘스트를 통해 사용자들에게 아이템을 주기도 하고

구찌 상품을 팔기도 했지. 여기서 한 아이템을 한정 상품으로 7,000원씩에 판매했는데, 완판이 됐대.
그런데 놀라운 건……,
그 상품이 엄청난 웃돈이 붙어 거래되었다는 거야.
이를 통해 사람들은 다시 한번 깨달았어.

메타버스에 사람들을 끌어들여 돈을 벌 수 있구나!

개인들도 마찬가지야.
스마트폰에서 가동될 수 있는 앱을 개발하고
돈을 버는 사람들이 많잖아?
마찬가지로 메타버스에서도 돈을 벌 기회가 생기고 있어.

로블록스는 사용자들이 게임을 만들어 올릴 수 있게 했어.
사용자들에게 '로블록스 스튜디오'를 제공해
컴퓨터에 대한 지식이 전혀 없는 사람도
아이디어만 있으면 게임을 만들어 올릴 수 있도록 했지.

그래서 사용자 2억 명 중 800만 명이 게임 개발자야.

이들은 자신의 게임이 이용된 횟수에 따라 돈을 벌 수 있지.

인터넷에 글이나 동영상을 올리고 클릭 수 등에 따라

돈을 버는 것처럼 말이야

그 가운데는 엄청난 부자가 된 고등학생도 있어.

알렉스 발판츠

고등학교 3학년 때인 2017년,
로블록스에 '탈옥수와 경찰'을 만들었어.
인기가 좋아서, 수십억 원을 벌었지.

유튜브 크리에이터를
꿈꾸는 친구들이 많은데,
앞으로는 메타버스 크리에이터를
꿈꿔야 할지도 모르겠다!

또 로블록스나 제페토와 같은 메타버스 서비스에서는

구찌와 같은 패션 기업뿐만 아니라

아바타를 위한 의상이나 액세서리를 디자인해 판매하는

개인들도 늘어나고 있어.

studio.zepeto.me

제페토 스튜디오에 소개된 의류 상점
이 상점에 있는 아바타 의상 가운데는 아바타 의상 디자이너 작품도 있어. 아바타 의상 디자이너는 자기 의상이 많이 팔릴수록 많은 돈을 벌어.

메타버스로 인해 새로운 직업이 생겨난 거야.

대표적인 게 월드 빌더야.

메타버스에서 행사할 때도 현실 공간에서처럼

무대와 무대 장치도 만들어야 하고, 의자 배치도 해야 하고,

입장객도 확인해야 하는 등 할 일이 많아.

이런 모든 일을 하는 사람이 바로 월드 빌더야.

아바타 드라마 작가도 탄생했어.

아바타를 이용해 드라마를 만드는 일을 하는데,

이런 사람을 아바타 드라마 PD라고도 해.

이렇게 메타버스로 돈을 벌 수 있다는 것이 알려지자

많은 사람이 메타버스 서비스에 관심을 두고

관련된 주식에 투자하기 시작했어.

메타버스가 현실 경제에 영향을 미치는 거지.

메타버스가 활성화될수록 투자가 늘어나고,

투자가 늘어나면 메타버스는 더 발달할 거야.

그러면 메타버스에 더 많은 사람이 몰리고

그것은 다시 투자를 불러오고…….

이런 선순환이 계속되면 메타버스는 성공하지 않을 수 없겠지?

> Check it up 4 | 사회

메타버스 성공의
또 다른 열쇠, 오픈

웹의 역사를 다시 살펴보면

웹 1단계에서는 콘텐츠 사업자들이 만든 것이

사용자들에게 일방적으로 전해지는 형식이었어.

이런 형식은 웹 2단계에서 지속되다가,

웹 2단계 중반 이후부터 바뀌기 시작했어.

사용자들 역시 콘텐츠를 생산하게 된 거야.

==사용자들이 콘텐츠를 직접 만들 수 있는 환경==이 생긴 거지.

이제는 누군가 제공하는 콘텐츠를 수용만 하는 게 아니라

사용자 역시 콘텐츠를 생산하고

그 콘텐츠를 본 사용자들이 또다시 콘텐츠를 생산하는 시대야.

이를 **콘텐츠의 탈중앙화**라고 해.

구분	WEB 1.0	WEB 2.0	WEB 3.0
플랫폼	WWW	모바일	메타버스
디바이스	PC	스마트폰	VR/AR 기기
	콘텐츠의 중앙 집권화		콘텐츠의 탈중앙화

콘텐츠의 탈중앙화는 현재 인기를 끌고 있는 메타버스 플랫폼들의 공통적인 요소이기도 해.

로블록스는 로블록스 스튜디오를 통해 누구나 게임을 만들 수 있게 해.

제페토 역시 사용자가 자기 공간을 만들 수 있는 '빌드잇'을 제공하고 '제페토 스튜디오'를 통해 아이템을 제작하고 판매할 수 있게 하지.

콘텐츠를 만들어 돈도 벌 수 있으면, 콘텐츠 탈중앙화에 도움이 많이 되겠네!

게임은 어때?

가장 메타버스에 가까운 게임은 마인 크래프트야.

그래서 MS가 2014년에 이 게임 회사를 인수했는데,

이 게임의 핵심은 사용자가 마음대로 마인 크래프트 세상을

돌아다니며 무엇이든 짓고 부수고 할 수 있다는 거야.

사용자가 게임의 규칙에 지배 받지 않고

제 맘대로 할 수 있는 거지.

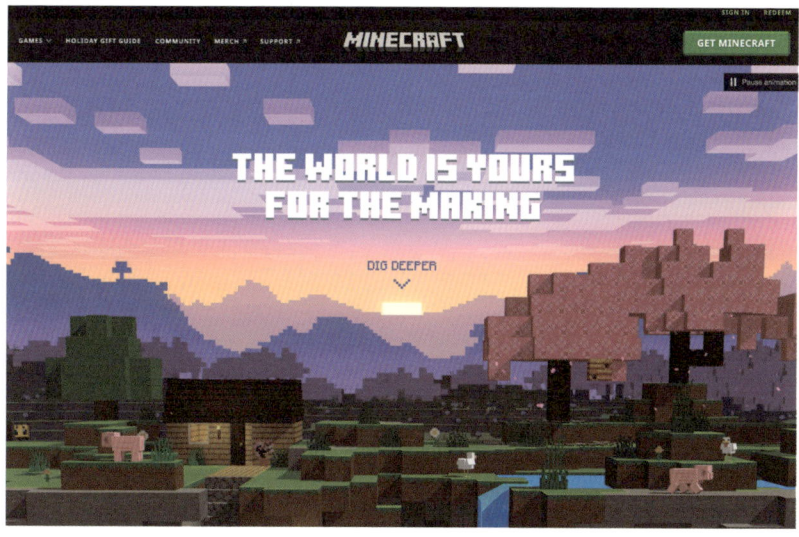

사용자가 마음대로 무엇이든 짓고 부수고 할 수 있는 게임 '마인 크래프트'
지구 면적은 5억km^2인데 마인 크래프트의 세상은 36억km^2야. 이 때문에 사용자가 아무리 돌아다녀도 처음 보는 공간이 계속 나오고, 사용자는 계속 자기만의 세상을 창조할 수 있어.

인기 게임인 포트나이트도 메타버스적으로 정책을 바꾸었어.
싸우는 게임인데도, 사용자들의 요구를 받아들여서
사용자들이 그냥 한데 모일 수 있는 공간을 열어 줬어.
그러자 사용자들은 그 공간에서 뭘 하고 놀지 자기들이 결정하고
스스로 DJ를 불러다 파티까지 열었지.

메타버스는 이미 다 만들어진 틀 안에 사용자를
가두려고 할 게 아니라 사용자들이 뭔가를 할 수 있는 공간과
최소한의 규칙만 제공하고 나머지는 사용자들이 알아서 하게 해야 해.
한마디로 **오픈 월드**여야 하는 거야.
이렇게 오픈 월드가 되면
사용자들도 수익을 얻기가 훨씬 쉬워.
사용자는 콘텐츠를 생산하는 생산자이기도 하니까.

이는 **인터넷의 기본 철학**에 한 걸음 다가가는 것이기도 해.
인터넷이 처음 출범할 때의 기본 철학은 바로 '**공유**'였어.
벽과 한계가 없이 정보를 오픈하고 공유하는 것!
그래서 궁극적으로 부의 편중을 줄이고
모든 사람이 동등한 기회를 얻는 것!

이 철학은 우리 사회에 많은 영향을 미쳤지.

예전에는 정부나 언론에서 발표하는 것만 알게 됐지만,

이제는 인터넷에 정보가 오픈되고 공유되고 있어.

그래서 이제 시민들은 뉴스를 보기만 하는 게 아니라 만들기도 해.

문화와 예술, 엔터테인먼트 분야도 그래.

예전에는 특별한 사람, 엄청난 장비와 기술, 이를 뒷받침하는 자본이

있어야 문화 예술 혹은 엔터테인먼트 콘텐츠를 만들 수 있었어.

하지만 이제는 스마트폰 한 대만 있으면

영화도 찍고 재미있는 콘텐츠도 만들 수 있잖아?

그래서 기대가 되네!

메타버스가 진정한 오픈 월드로 만들어져

==정보의 공유는 물론==

==부의 편중을 줄이고 모든 사람이 동등한 기회를 얻을 수 있는==

==기반이 될 거라는 기대== 말이야.

메타버스가 무엇인지 이제 감 잡았어?
이제 메타버스가 발달하면
우리 생활은 어떻게 바뀔지 상상해 보자.
그러면 그 상상을 앞당기거나 현실로 만들기 위해서
무엇이 더 필요한지 알 수 있을 거야.
더 나아가 메타버스가 현실로 오기 전에
우리가 무엇을 준비해야 할지 생각해 보자고.
그래야 기술이 너무 빠르게 발전해도
우리가 중심을 잃지 않고 세상을 바로 볼 수 있을 테니까.

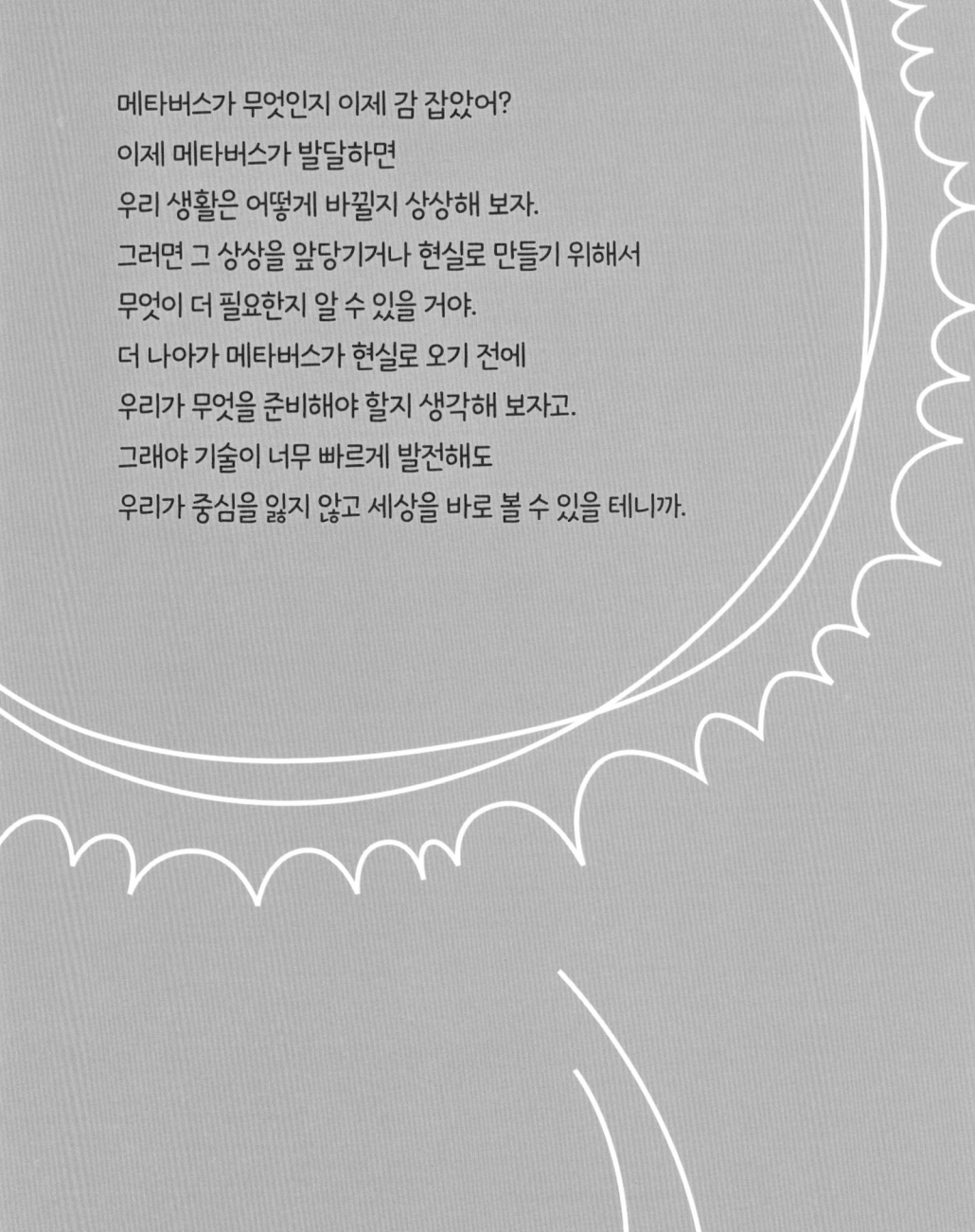

Level 3

메타버스가 여는
새로운 세상

메타버스와 나의 하루

Check it up 1 　기술

메타버스를 가능케 할 기술들

앞의 이야기 속 선우처럼 생활하기 위해서는
AR/VR 고글이나 하네스 등 특수한 장비가 필요해.
그런데 이런 장비들이 제대로 구동하려면
꼭 필요한 기반 기술이 있어.
AI와 슈퍼컴퓨터, 그리고 클라우드야.

먼저 AI, **인공지능이 왜 필요한지부터 알아볼까?**
온라인 게임에 NPC Non Player Character란 것이 있지.
인간 사용자가 조종하지 않고 게임의 AI가 움직이는 캐릭터 말이야.

NPC는 사용자와 소통하면서 퀘스트를 주는 등의 일을 해.

사용자와 싸우는 몬스터도 엄밀한 의미에서는 NPC야.

메타버스에도 이런 역할을 하는 존재가 필요해.

지금의 NPC 수준과는 비교할 수 없이 뛰어난 존재!

지금은 ==생성형 AI==의 발전으로

인간과 일상 언어로 대화를 나누는 AI의 수준이

실제 사람과 구분할 수 없을 정도로 발전했어.

이런 인공지능이 심어진 메타버스에서는

NPC가 사용자나 다름없이 행동하고 소통하게 될 거야.

심지어 인간보다 훨씬 뛰어난 능력을 발휘하고

커뮤니티의 리더 역할을 하게 될 수도 있겠지!

생성형 AI는 메타버스에서 활용할

==아바타를 만들 때==도 큰 역할을 할 수 있어.

생성형 AI는 내 얼굴과 다양한 표정을 학습해서

모습은 물론 감정까지 제대로 표현하는

아바타를 구현해 낼 수 있거든.

얼굴뿐 아니라 몸의 움직임이나 동작까지도!

메타버스에서는 궁극적으로 실사나 다름없는 아바타를 통해
현실감을 극도로 끌어올릴 수 있게 될 거야.
더 나아가 내 표정이나 동작 등을 메타버스 속 아바타에
실시간으로 반영할 수 있게 될 거야.

'메타'의 메타버스인 호라이즌 월드에서 선보인 마크 저커버그의 아바타
실제와 너무 달라서 웃음거리가 되기도 했어. 하지만 AI 기술을 적용한 아바타 제작 기술은 빠르게 발전하고 있어. 나를 닮게 하는 것은 물론, 다양한 스타일을 적용하고 즐기는 것도 가능해질 거야.

AI는 <mark>메타버스 안에서 가이드의 역할</mark>도 하게 될 거야.
메타버스에서 수많은 이벤트가 개최되고,
다양한 콘텐츠들이 초 단위로 출현하게 돼.

워낙 크고 복잡하다 보니 어디에 뭐가 있고
어느 곳에서 어떤 행사가 펼쳐지는지 알기 무척 어려울 거야.
그러므로 지금의 영상이나 음악 스트리밍 서비스들처럼
AI 에이전트가 사용자의 취향을 파악해서 추천해 주는
시스템이 꼭 필요하지.
또 소셜 네트워크에서 자주 보듯
사용자가 관심을 가지는 상품이나 아이템 구매에 대한
정보를 제공할 수도 있어.

아, 어쩌면 AI의 가장 중요한 임무!
바로 **메타버스 자체를 관리**하는 거지.
셀 수 없이 많은 콘텐츠와 수천만 명 이상이
한꺼번에 접속해 있는 메타버스가 잘 운용되도록 말이야.
또한 사용자들의 활동을 모니터할 필요도 있어.
지금도 메타버스에서 성희롱 같은 문제가 발생하고 있잖아?
AI는 이런 문제들을 잡아내고 해결하는 역할도 해야 할 거야.
현실 세계와 비슷한 형태로 반영될
인간의 욕망과 갈등을 중재하고 조정해야 하는 거야.

대규모의 메타버스를 운용하기 위해선 강력한 컴퓨터,

슈퍼컴퓨터도 꼭 필요해.

메타버스가 운용되려면 방대한 데이터를 빠르게 처리할 수 있어야 해. 수십, 수백만 명이 동시 접속한 상태에서 많은 활동이 이뤄지고, 방식이나 종류가 정해져 있지 않은 움직임이 많으니까. 게다가 AR이나 VR을 사용하게 되면 360도 영상을 실시간 렌더링해서 제공해야 해서 그래픽에만도 엄청난 컴퓨팅 파워가 필요해.

슈퍼컴퓨터 에오스
세계에서 가장 빠른 슈퍼컴퓨터 중 하나야. 1초에 1,840경 번을 계산한대. 1경은 10^{18}, 1뒤에 0(영)이 18개인 거야. 계산 속도가 상상이 안 가지?

하지만 모든 메타버스 서비스가 수백억 원씩 하는
슈퍼컴퓨터를 소유하고 운용하는 건 현실적으로 무리야.
그래서 중요한 것이 바로 ==클라우드==야.

클라우드란 인터넷을 통해 저장 공간이나 서버, 네트워크 같은
IT 인프라를 제공하는 기술이지.
구글 드라이브나 MS 오피스 365,
애플의 아이클라우드 등이 모두 클라우드 서비스야.
예전에는 상업용 홈페이지를 하나 운영하려고만 해도
장비를 따로 보유해야 했어.
비용도 많이 들고 기술적으로도 어려움이 많았지.
하지만 지금은 빠른 인터넷 속도 덕분에
직접 그런 장비를 갖고 있지 않아도, 네트워크로 연결된
멀리 있는 컴퓨터를 활용해서 다양한 작업을 할 수 있어.

그런데 메타버스가 필요로 하는 클라우드는
이런 개인용 서비스와는 차원이 달라.
현실 공간을 똑같이 구현하고 이 속에 수많은 아바타의 활동을
그려내려면 엄청난 용량이 필요해.

또 현실감과 몰입감을 높이기 위해서는 움직임이나 활동에서 지연이 느껴지면 안 되지. 엄청난 용량뿐만 아니라 엄청나게 빠른 속도도 필요한 거야.

한마디로 대규모의 복잡한 3D 모델을 빠르게 렌더링하고, 초저지연 Ultra low latency 으로 스트리밍을 할 수 있는 기술과 네트워크 기술을 갖추고 있어야 해.

이런 기술이 바로 클라우드 서비스야.

이런 고성능 클라우드 시장은 현재 아마존 웹 서비스 aws 와 MS, 구글 등 IT 대기업들이 주도하고 있어.

아마존의 클라우드 서비스
아마존 하면 인터넷 서점 같은 인터넷 쇼핑몰로 생각하기 쉬워. 하지만 아마존은 세계 최대 클라우드 서비스 기업이야.

Check it up 2 사회

지금과는 다른 세상

메타버스가 일상화되면 우리 삶에도 엄청난 변화가 오게 돼.
거의 모든 분야에서 지금까지와는
다른 세상이 펼쳐진다고 해도 과장이 아닐 거야.

메타버스로 엄청난 변화가 초래될 분야로 꼽히는 데가 교육이야.
코로나19 때문에 우리는
'비대면 수업'을 강제적으로 경험하게 됐어.
이 경험을 통해 우리는 메타버스를 통한 교육 방식에 가까워졌어.
게다가 메타버스를 활용하면
이보다 훨씬 효과적으로 비대면 수업을 운영할 수 있어.

특히 실기나 실습이 중요한 분야일수록
메타버스를 이용한 교육이 먼저 확대될 전망이야.
또 음성, 번역 AI의 발전에 힘입어
언어 교육 분야에서도 메타버스 도입이 빨리 이뤄지기 쉽지.

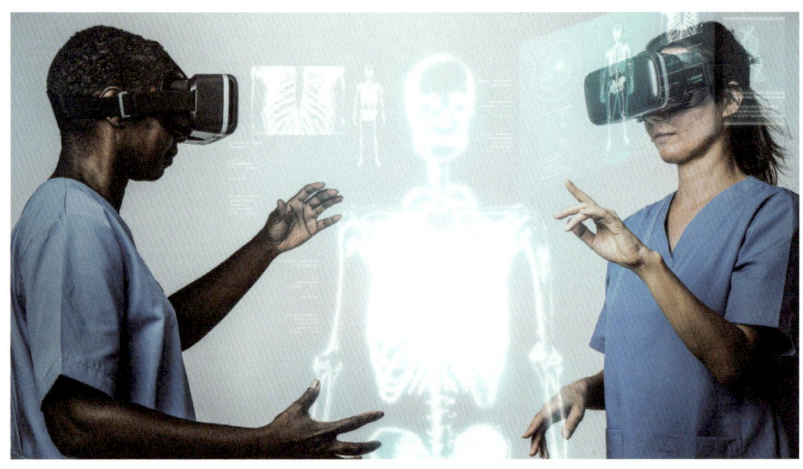

메타버스 교육
의료, 디자인과 같은 실기나 실습이 중요한 분야일수록 메타버스를 이용한 교육이
빠르게 도입될 전망이야.

메타버스는 <mark>정치</mark>에도 큰 영향을 미칠 거야.
정치인들은 메타버스를 적극적으로 이용하려고 할 거야.
메타버스는 SNS보다 훨씬 더 실감 나게

자기 입장을 발표하고 지지를 호소할 수 있으니까.

메타버스가 커지고 많은 사람이 활용할수록,

현실 세계와는 별개의 '메타버스 전용 정당'이 출현하거나

메타버스 내에서의 정치적 영향력을 갖기 위한

다양한 활동이 일어날 수도 있어.

그런 일들은 이미 오래전 리니지 같은 온라인 게임에서도

있었으니까 가능성은 아주 높지.

메타버스 내의 정치적 활동은

결국 현실 세계에도 상당한 영향을 미치게 될 거야.

메타버스에서 가장 크게 기대하는 영역은 누가 뭐래도 ==경제==일 거야.

사실 메타버스에 관한 관심은 로블록스에서 게임을 만들어 팔아

돈을 버는 사용자들이 나오면서 시작됐어.

로블록스로 돈을 버는 사람이 생겨나자

사람들이 로블록스의 주가에 관심을 가지기 시작했고,

이것이 메타버스에 관한 관심으로 번졌던 거지.

메타버스에서 경제 활동이 일어나면

메타버스에서 쓰이는 화폐도 생겨나.

로블록스의 로벅스, 제페토의 젬 같은 것 말이야.

이런 화폐를 **가상화폐**라고 해.

메타버스가 활성화되면 될수록

이런 가상화폐들이 통합될 가능성이 커.

더 나아가서는 메타버스의 가상화폐와 현실의 화폐가 연결될 거야.

비트코인, 이더리움 같은 코인 들어봤지?

이것들이 바로, 미래 메타버스 시대를 염두에 두고 만든

가상화폐들이야.

그래서 미리 투자하려는 사람들이 몰려서

코인 광풍이라고 할 정도의 투자와 투기 세력이 생겨난 거야.

그래서 코인 하면 좋지 않게 생각할 수도 있는데,

사실 코인은 경제를 좌지우지하는 권력을 가진 중재자나

수수료 없이, 개개인이 직접 거래할 수 있는

블록체인 기반의 투명한 경제 시스템을 만들려는 노력에서

출발했어.

이 블록체인 기술을 통해 디지털 자산에 소유권을 등록하면

그게 바로 '**NFT**'야.

메타버스와 NFT가 처음부터 연계돼서 발전해 온 것은 아니지만

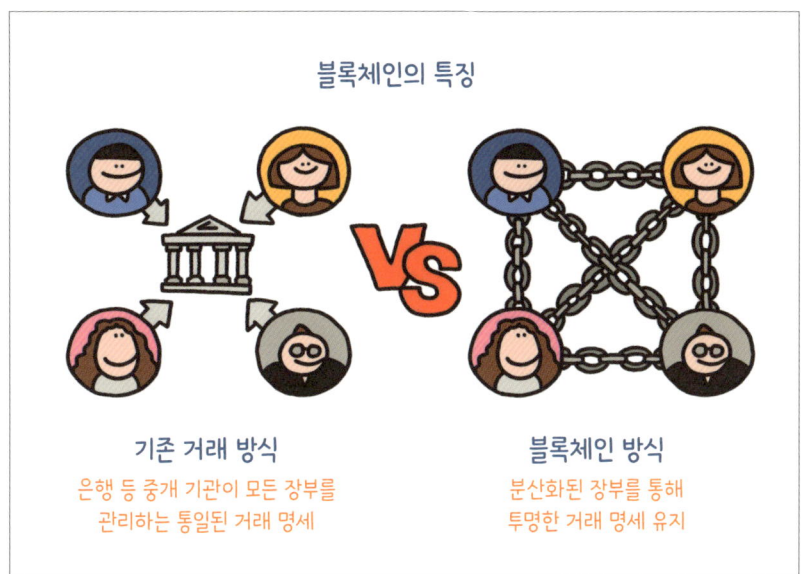

블록체인 기술

블록체인은 한마디로 많은 사람의 컴퓨터에 데이터를 나누어 놓는 기술이야.
예를 들면, 우리가 은행에 예금을 하면 그 기록이 통장 형태로 은행에 남아.
그래서 은행이 입출금을 주관하고, 이자도 주고받고, 우리는 이에 대한 수수료를 지급하지.
그런데 은행이 장부를 조작해도 우리는 알 수 없어. 은행이 망하면 그 돈이 사라질 수도 있고.
블록체인은 이런 문제를 근본적으로 차단해. 정보를 많은 이의 컴퓨터로 나눠 놓아서,
누군가가 기록을 조작할 수 없거든. 또 처음부터 은행이란 곳에 돈을 넣지 않으므로
수수료를 낼 필요도, 돈을 잃을 염려도 없어. 디지털 주소와 소유권자 정보 등을 저장할 수 있는
디지털 권리증서 'NFT' 역시 블록체인 기술을 기반으로 해.

이제는 따로 떼어놓고 생각할 수 없을 정도로

서로를 보완하며 함께 성장하는 관계지.

메타버스 속의 아이템이나 작품을 NFT화 함으로써

새로운 가치를 창출해 낼 거거든.

NFT는 2020년부터 미술품 판매를 통해
대중에게 알려지기 시작했어.
디지털 이미지 같은 것은 무한히 복제가 이뤄질 수 있어.
하지만 1,000개의 똑같은 이미지가 있어도 그중 원본은
NFT 형태로 소유권이 등록된 단 하나인 거야.
그리고 이런 가치에 근거해서
거래와 투자라는 경제 활동의 기본이 작동하게 된 거지.

메타버스라는 새로운 사회가 만들어지면,
그 속에서는 당연히 다양한 ==문화==가 꽃피게 될 거야.
물론 오프라인의 예술과 문화가 사라지는 일은 없겠지만,
메타버스 안에서 수많은 새로운 것들이 나타날 수 있어.

예를 들어, 넷플릭스 드라마 '오징어 게임'을
메타버스에 옮겨 놓는 거야.
등장인물 중 일부는 AI로, 또 일부는 실제 사람의 아바타로 채워.
그리고 아바타는 외모부터 성격까지
그 아바타의 주인이 창작하도록 해.
게임의 종류나 형식도 참가자들끼리 조정할 수 있게 하고.

그런 다음 드라마 '오징어 게임'처럼 진행하게 두는 거야.

참가자들은 상금을 획득하기 위한 방향으로 드라마를

끌고 가려고 할 거고, 거기서 새로운 이야기가 만들어질 거야.

이 과정을 편집해서 방송으로 만든다면,

이건 드라마일까? 게임일까? 아니면 리얼리티 쇼일까?

또 이런 경우 창작자는 누구라고 해야 할까?

메타버스는 또 어떤 변화를 불러올까?

어쩌면 출퇴근 시간에 도로가 붐비지 않을지도 몰라.

기업과 학교 들이 메타버스를 많이 이용하면

비대면 회의, 비대면 수업이 늘어나 이동하는 사람이 줄어들 테니까.

그렇게 되면 교통 체증이 줄어들 뿐만 아니라

대중교통이나 자동차 이용 감소로 에너지 사용도 줄어들지 않을까?

아, 메타버스의 발전이 어쩌면 탄소중립을 앞당길 수도 있겠네!

지금보다 훨씬 '부캐'(본 계정이나 본 캐릭터가 아닌 부계정, 부 캐릭터) 문화가

널리 퍼질 수도 있어.

지금도 실제의 자신과 다르거나 자신의 한 면만을 강조해서

SNS를 하는 사람들이 있잖아?

그런데 메타버스에서 부캐는

지금 우리가 생각하는 범위를 훨씬 뛰어넘을 수 있어.

외계 행성을 구현한 메타버스에서는 외계인으로 살 수 있고

몬스터 호텔로 만들어진 메타버스에는 몬스터가 될 수도 있어.

또 개미굴 메타버스에서는 여왕개미 혹은 일개미로 살 수도 있다고.

상상력만 있으면 무엇으로든 변신할 수 있는 곳이 메타버스니까.

Check it up 3 | 철학

나, 우리 그리고 메타버스

동서양을 막론하고, 대부분의 사람이 농사를 짓던 시절에는
해가 뜨고 지는 것에 맞춰 살았어. 그래도 됐으니까.
이때 중요한 건 씨를 뿌리고 수확하는 시기, 즉 한 해의
절기에 맞추는 거였지.
하지만 공업 사회가 되면서 사람들은 출퇴근 시각에
하루를 맞춰 살게 됐어.
증기 기관차가 생겨나면서는 기차의 도착 시각에도 맞추게 되었고.
20세기 들어 자동차가 대중화되는 등 교통수단의 발달로
생활하고 이동하는 영역이 확대되면서,
걸어 다니는 거리를 기준으로 하던 공간 개념도 수십 배로 확장됐지.

도시 시계탑과 시간 개념의 변화
산업혁명과 함께 도시에 등장한 것이 바로 도시 중심에 세운 시계탑이야.
누구나 지금이 몇 시인지, 시각을 알아야 할 필요성이 생겼기 때문이야.

한편으로는 집마다 전기가 들어오기 시작해서 밤이 사라지고 하루는 길어졌지. 선진국에서는 높아진 수입으로 남는 시간을 즐기는 사람들이 늘어났고, 기계가 인간의 일을 대신하는 영역도 더욱 커졌어.

그리고 3차 산업혁명을 통해 인류는 생각하는 기계, 즉 컴퓨터를 갖게 되었지.

인간의 두뇌, 지적 능력을 보완하는 분야로 발전한 거야.

산업혁명의 발전 단계

1차 산업혁명	2차 산업혁명	3차 산업혁명	4차 산업혁명
18세기 증기기관과 비료의 발명 식량 문제 해결 기계화 혁명	19~20세기 전기 동력 기반 효율적인 대량 생산 혁명	20세기 후반 컴퓨터 정보통신망 기반 지식 정보 혁명	현재 혁신 기술 기반 사람, 사물 등 모든 것이 인터넷으로 연결되는 만물 지능 혁명

인간이 할 수 없는 복잡한 계산을 기계가 해내기 시작했고,
급기야는 일반 사무실과 가정에까지 컴퓨터가 들어와서
문서를 작성하고 게임을 하고, 인터넷으로 전 세계가 연결됐어.
시간과 공간을 초월해 소통이 가능해졌고,
문서에서부터 음악이나 사진, 심지어 돈에 이르기까지
직접 전달해야 했던 수많은 것들이 디지털 데이터의
형태로 오가게 되었어.
우리는 4차 산업혁명 시대에 살고 있어.
그리고 그 정점에는 바로 3차 산업혁명의 성공을 발판으로
탄생하게 된 메타버스가 있어.
이제 인류는 자연과 물리 법칙의 제약을 벗어나서

우리 스스로가 원하는 대로 법칙을 부여하는 또 하나의 세계를
구축하는 시점에 도달했지.
그런 가상의 세계를 구축하다 보면 이런 생각이 들지 않을까?
"내가 사는 이 현실도 메타버스 속 아닐까?"

또 메타버스에서는 여러 부캐 생활이 가능하잖아?
예를 들어, 현실에서 아내를 둔 35세 남자인데
메타버스에서 한 여자 아바타를 만났어.
그런데 너무 쿵짝이 잘 맞는 거야.
그래서 사람들이 커플이라고 부추기자, 둘이 아바타 결혼을 했어.
실제로는 누군지, 남자인지 여자인지조차 모르면서.
하지만 메타버스에서 생활하는 시간이 길어지면서
현실 아내보다 메타버스 아내와 함께하는 시간이 더 많아졌어.
속마음도 메타버스 아내에게 더 터놓고
메타버스 세상 안이지만, 여행도 더 많이 갔지.
그럼 이 사람에게 실제적인 아내는 누구일까?
현실의 아내일까, 메타버스 속 아바타 아내일까?

메타버스의 등장은 이처럼 우리에게 새로운 문제를 제기할 거야.

우리는 이런 문제에 적응해야 하고 또 해결해야 해.

그런데 어떻게 해야 잘 적응하고 해결할 수 있을까?

답을 찾기 위한 출발점은

내가 누구인지를 분명히 아는 게 아닐까 싶어.

그래야 나와 우리, 그리고 나와 우리를 둘러싼 세계가 어떤 곳인지

제대로 파악할 힘이 생기고

그 안에서 합리적인 해결 방안을 찾을 수 있을 테니까.

지금까지 메타버스가 무엇이고
메타버스를 구현하는 데 어떤 기술이 필요한지 알아봤어.
또 메타버스가 우리의 삶을 어떻게 변화시킬지도 상상해 봤지.
그리고 메타버스로 인해
우리가 생각지 못했던 문제가 대두될 거라는 짐작도 할 수 있었어.
마지막으로 그 문제들을 좀 더 자세히 짚어 보자.
문제를 미리 알면 답을 준비할 시간이 충분하고
그 시간이 충분한 만큼, 미래를 더 잘 대비할 수 있으니까.

NEXT LEVEL

메타버스가 던지는 질문들

가상과 현실의 차이

메타버스에 관한 관심을 불러일으킨 영화 <레디 플레이어 원> 기억하지?
이 영화에 등장하는 메타버스는 정말 환상적이야!

그런데 메타버스 밖, 즉 현실 세계는 어떻게 그려졌을까?

대부분의 사람들은 제대로 된 집을 갖지 못한 채
컨테이너를 이리저리 얹어 세운 주거지에서 살고 있어.
주변은 산업 폐기물과 쓰레기로 가득 차 있고
미세먼지로 가득 찬 하늘은 온통 우울한 회색빛이지.

부자들은 메타버스와 관련된 상품을 팔아
더 많은 돈은 벌고,
정보를 독점해 권력을 휘둘러.
더 나아가 자신들의 앞을 막는 사람에겐
아무렇지도 않게 폭력을 행사하지.

이보다 약 20년 전인 1999년에 개봉한 영화 <매트릭스> 속 현실은 끔찍한 수준이야.
<매트릭스>에서는 우리가 현실이라고 믿는 건 메타버스 속 세계야.
그 세계는 지금 우리가 살아가는 현실과 똑같지.

그리고 진짜 현실은……,

인간이 지구 대기를 오염 물질로 차단해 버려서 지구에는 태양빛이 들어오지 못해.
그래서 지구의 모든 생명체가 멸종했는데, 기계들은 살아남을 방법을 찾아냈어.
에너지를 얻을 수 있는 방법을 찾은 거지.

그건 바로, 인간 몸에 흐르는 전류를 모아 발전하는 방법이었어.
그래서 기계는 인간을 캡슐 같은 데 넣어서 사육했는데,
오랫동안 전류를 뽑아내기 위해서는 살려 놓아야 했어.
그래서 메타버스를 만든 거야.
대부분의 인간은 누에처럼 기계들에 사육되면서,
무엇이 현실인지도 모른 채 메타버스 속에서 살아가고 있지.

헉! 인간의 현실은 기계의 건전지네!

메타버스라는 말을 가장 먼저 쓴 〈스노 크래시〉에서도
메타버스는 멋진 세상이지만
현실은 세계 경제가 붕괴한 암울한 상황이야.
그런 상황에서 메타버스를 이용할 수 있는 사람들은 제한되어 있지.

엄청난 성능을 가진 컴퓨터와

메타버스를 구현할 수 있는 장비 등을 살 능력이 있어야 메타버스에 접속할 수 있어.

또는 스스로 메타버스 안에 자기 행성이나 아바타를 만들 수 있는 기술이 있는 사람들만이 메타버스를 제대로 누릴 수 있지.

어디까지나
영화 속 이야기고,
문학 작품 속 상상이잖아!

물론 그렇게 생각하고 넘어갈 수 있어.
하지만 이런 상상이
현실의 문제가 될 수도 있지 않을까?
영화나 소설 속 문제처럼 극단적인 상황은 아니더라도,
우리에게 크고 작은 영향을 미칠 수 있는 문제들은
얼마든지 발생할 수 있지 않겠어?
그러니 어떤 문제가 생길 수 있는지 생각해 보자는 거야.
그러면 해결 방법도 미리 궁리해 볼 수 있으니까.

좋아, 유비무환이라는 거잖아!

> Check it up 1 | 중독

메타버스에 중독된 사람들

지금도 게임 중독, 스마트폰 중독 때문에 문제가 되고 있어.
게임하느라 제대로 생활하지 못하는 친구들이 있고
현실보다 SNS 세상에 더 빠져 사는 친구들이 있지.
메타버스가 보편화되면, 메타버스에 빠져 사는 사람들이 문제가
될 수도 있어. 어떤 문제가 대두될 수 있을까 상상해 봤어.

중독 1   메타버스에 되살린 아내와 딸 – 포에버 디지털 트윈

갑작스러운 교통사고는 내 모든 것을 앗아갔다.
아내와 딸을 잃은 나는 하루하루를 지옥에서 보냈다.

그러던 어느 날 날아든 의문의 문자!

> 당신께
> 가족을 돌려드리겠습니다.
> 사랑하는 이들을 다시 만나세요.
> -포에버 디지털 트윈-

사랑하는 이들을 다시 만날 수 있다는 말에

나는 포에버 디지털 트윈의 문을 두드렸다.

"잘 오셨습니다.

상투적인 위로의 인사 대신

저희가 어떻게 가족을 다시 만나게 해드릴 수 있는지 설명하지요."

담당자는 매우 침착하고 차분하게 말했다.

"저희는 선생님 가족의 세계를 메타버스로 만들어 드립니다."

죽은 아내와 딸을 AI 아바타로 되살린 메타버스에서

아내와 딸을 만날 수 있다는 것이었다.

"아내와 딸을 만나고 싶습니다."

나는 디지털 트윈 기술을 이용해,

아내와 딸을 메타버스에 되살리기로 결심했다.

포에버 디지털 트윈과의 만남은

산산조각 났던 내 삶을 다시 일으켜 세웠다.

내 생활은 사고 이전으로 완벽하게 돌아갔다.

시간이 흘러 현실의 내가 늙어가는 것처럼

메타버스 속의 나도 늙어갔다.

그리고 메타버스 속 아내와 딸 역시

세월의 흐름을 고스란히 따른 것처럼 늙어가고 성장했다.

아내와 딸과 함께 사는 메타버스 속 세계가 점점 견고해질수록

나 혼자 사는 현실의 세계는 작고 초라해졌다. 하지만 상관없었다.

그렇게 30여 년이 흘렀고,

내가 세상을 떠날 시각이 다가오고 있었다.

하지만 나는 외롭지 않았다.

그런데 문득 이런 생각이 들었다.

내가 죽어 포에버 디지털 트윈에 서비스 사용료를 지급하지 않으면 이 메타버스는 사라질 것이다.

그러면 아내와 딸은 어떻게 될까?

두려움이 너울처럼 밀려들었다.

중독 2 여친과 헤어지려는 이유 – 온리유 AR 서비스

생각 끝에 상담 글 올려 봅니다.
저에게는 1년 정도 사귄 여자친구가 있습니다.
저에게는 이 세상에서 가장 착하고 예쁜 여친이었어요.
온리유 AR 서비스를 시작하기 전까지는요…….

아시는지 모르겠지만, 온리유 AR 서비스는 증강현실 서비스예요.
콘택트렌즈 형태의 AR 기기를 통해 원하는 모습을 볼 수 있지요.
예를 들어, 여친이 저를 BTS 정국처럼 보고 싶으면
온리유 AR 서버에 접속해 자기 렌즈에 BTS 정국을 설정하고
렌즈를 낀 뒤 저를 보는 거예요.
그러면 저는 여친에게 정국의 모습으로 보이는 거죠.

처음에는 저도 재미있었어요.
제 렌즈를 블랙핑크 지수로 설정하면
진짜 지수가 제 앞에서 노래하고
제 렌즈를 뉴진스 하니로 설정하면
진짜 하니가 제 앞에서 춤을 추는 것 같았으니까요!

하지만 그것도 한두 번이지…….

여자친구는 이제 우리 그대로의 모습으로 만나려고 하지 않아요.
저를 언제나 영화배우나 가수, 모델의 모습으로 설정한 뒤에만
만나려고 해요.
제가 싫다고 해도, 여친은 도무지 말을 듣지 않아요.
그러면서 이러는 거예요.

"온리유 AR 서비스를 하기 전에는
오빠도 멋있고 괜찮아 보였어.
그런데 오빠를 정국, 뷔, 차은우, 송강으로 보다가
진짜 오빠를 보니까……."

여기까지 말하더니 한숨을 쉬며 더 이상 말을 잇지 못하더라고요.
이런 여친, 계속 만나야 할까요?

> Check it up 2 | 선택

우리에게 던져진 새로운 선택지

우리가 살아가는 사회에는 지금까지 지켜온 규칙이 있어.

또 보편적으로 그렇게 해왔던 것도 많지.

그런데 메타버스라는 새로운 환경은 우리에게 지금까지 지켜왔거나

그렇게 했던 것에 대한 변화를 요구할 수 있어.

어떤 것이 있을지 생각해 볼까?

선택 1 제35대 대통령 선거 – 메타버스 학교

대통령 선거 운동이 시작됐다.

이번 선거는 쟁점이 너무나 분명했다.

1번 고민남 후보는 초등학교부터 대학교까지 모든 학교를
메타버스로 옮기자고 했고, 2번 심각함 후보는 이에 강력하게
반대했다.

고민남 후보는 자신의 주장을 담은 전단을 나눠주며 홍보했다.

학교 용지에 공원이 생긴다면? 일단 좋을 것 같다.
게다가 학교가 메타버스에 생긴다면,
실제로 학교에 가지 않고 인터넷으로 접속하면 된다는 말 아닌가?
그러면 진짜 진짜 좋을 것 같다.

기호 1 | 고민남의 교육 혁신

모든 학교를 메타버스로 옮기면

1. 공공용지 확보

학교를 메타버스로 옮기고 학교 용지에 공원, 스포츠 센터 등을 짓겠습니다.

2. 세금 절감

학교를 메타버스로 옮기면 학교를 유지하고 보수하는 비용을 절감할 수 있습니다.

씻지 않아도 되고, 좀 더 잘 수 있고, 옷도 안 입어도 되고…….
학교를 유지하고 보수하는 비용 절감이라…….
학교가 없으면 체육관도 없을 테고, 식당도 없을 테니
체육관 바닥을 깔거나
식당에 자외선 소독기 같은 걸 놓을 필요가 없을 거다.
또 학교가 없으면 경비실도 필요 없고 행정실도 없을 테니……,
월급도 그만큼 나가지 않을 거다.
메타버스로 학교를 옮기는 게 나쁠 것 같지 않았다.

심각함 후보는 우리 동네에 와서 유세했다.

기호 2 | 심각함의 교육 혁신

여러분, 학교를 메타버스로 옮기면 세금이 그만큼 절감될 수도 있습니다.
선생님들도 AI로 대체되어, 월급이 그만큼 줄어들 테니까요.
그런데 여러분! 우리 아이들을 AI에 맡기시겠습니까?

학교는 아이들이 지식과 정보를 배우는 곳인 동시에
친구들과 어울리고 때때로 선생님들의 꾸중을 들으며
사회적 인간으로서의 자질과 품성을 기르는 곳이어야 합니다.

여러분! 이런 역할을 가상, 즉 가짜가 대체할 수 있겠습니까?

AI 선생님이라……,
AI 선생님은 우리 담임선생님보다 재미없을 것 같다.
또 AI 때문에 우리 선생님들이 실업자가 되면 어쩌지?
하는 생각도 들었다.

친구들과 직접 만날 수 없다는 것, 그건 정말 심각한 문제다.
메타버스에서 어울리는 것과 진짜로 얼굴을 맞대고 노는 게
똑같을 수는 없다.

어디선가 들었는데, 사람이 대화할 때
말보다 표정이나 행동으로 소통하는 부분이 훨씬 크다고 했다.
메타버스가 아무리 내 표정과 행동을 구현한다고 해도
나만큼은 아니지 않을까?

텔레비전에서도 열띤 토론이 벌어졌다.

심각함 후보 | 학교 용지에 공원, 스포츠 센터 등을 지으려면, 건설 비용 등이 들 텐데, 그 비용은 어떻게 마련합니까?

고민남 후보 | 세금으로 할 수도 있고, 학교 용지 일부분을 팔아서 충당할 수도 있습니다. 기업에 학교 용지를 빌려주어, 해당 기업이 알아서 개발하게 할 수도 있고요.

심각함 후보 | 허허. 결국 세금은 세금대로 쓰고, 더 나아가 나라의 땅인 학교 용지를 민간업자에게 넘기거나, 학교 용지를 활용해 민간 기업이 수익 사업을 할 수 있게 한다는 거 아닌가요? 이건 결국 기업에만 이로운 발상입니다!

고민남 후보 | 교육 수요와 공급의 불일치를 생각해 보세요! 예를 들어, 스페인어를 배우고 싶어 하는 학생은 많은데, 스페인어 교사가 부족하면, 현실에서 학생들은 다른 언어를 선택할 수밖에 없어요. 메타버스에서는 이런 문제가 발생하지 않습니다. 스페인에서 스페인 원어민이 직접 스페인어를 가르칠 수 있고, 그래도 교사가 부족하면 AI 스페인어 교사를 파견할 수도 있으니까요!

이런 경우 사람들은 어떤 선택을 할까?
내게 선거권이 있다면, 누구에게 표를 던질까?
요즘 진지하게 고민하고 있다.

선택 2 결혼 – 실제 결혼 VS 아바타 결혼

NEWSPAPER

2050년 5월 21일

메타버스에서만 결혼하는 사람들

실제 결혼은 NO, 아바타 결혼은 YES!
출산율은 점점 더 줄어들 것으로 예상

**메타버스 시대,
아바타 결혼이 늘어나고 있다**

통계청 발표에 따르면, 올해 우리나라 사람 중 메타버스에서 아바타 결혼을 한 사람이 301만 명이라고 밝혔다. 이에 반해 현실에서 실제 결혼한 사람은 2만여 명에 그쳤다. 20년 전의 10% 수준이다.

아바타 부부란, 메타버스에서 아바타로 결혼한 사람들을 말한다. 이들은 메타버스에서는 아바타로 현실 부부처럼 생활하지만, 현실에서는 그렇지 않다. 심지어 실제로는 한 번도 만나 본 적이 없는 사람도 있다.

지난달, 메타버스에서 독서 토론 모임을 하며 가까워진 아바타와 결혼한 이수인(여, 34세) 씨는 "독서 토론을 통해 관심사가 같은 걸 알았고, 함께 이야기를 나눌수록 더 많은 이야기를 나누고 싶어 결혼했다."라며, "실제 결혼은 경제적인 문제, 출산, 가족관계 등 고려할 사항이 많지만, 아바타 결혼은 오직 두 아바타만 생각할 수 있어 좋다."라고 아바타 결혼의 장점을 꼽았다. 그리고 "주변인들 역시 수면과 샤워, 식사 시간을 빼면, 대부분을 메타버스에서 지내므로 아바타 결혼을 하려고 한다."라고 귀띔했다.

여론 조사 기관인 'AI메타'의 조사 결과도 이를 뒷받침한다. 미혼자 가운데 87%는 아바타 결혼을 할 의향이 있다고 밝혔지만, 실제 결혼 의향은 24%에 불과했다. 실제 결혼을 피하는 이유로는 경제적 문제, 출산과 육아에 대한 부담, 가족 관계로 얽매이고 싶지 않음 등이 꼽혔다.

아바타 결혼 의향
있다 87%
없다 9%
모르겠다 2%
무응답 2%

실제 결혼 의향
있다 24%
없다 58%
모르겠다 12%
무응답 6%

실제 결혼 기피 이유 (복수 응답)
결혼 및 결혼 생활 유지에 비용이 많이 들어서 77%
출산 및 육아에 대한 부담이 두려워서 71%
시댁 혹은 처가 등 새로운 가족관계에 대한 부담 56%
배우자에게 얽매이고 싶지 않아서 34%
기타 12%

메타유니버시티 사회학부 김승철 교수는 "실제 결혼을 위해서는 집을 장만하고 아이를 낳아서 키워야 하는 등 경제적 부담이 크고 사회활동에 제약을 받을 수 있지만, 아바타 결혼은 그런 비용이 거의 들지 않아 젊은이들이 선호하는 것"이라며, "2000년대 초중반 '삼포세대'가 이제는 '아바타 결혼 세대'로 바뀐 것"이라고 분석했다.

삼포세대란, '연애', '결혼', '출산' 세 가지를 포기한 세대를 뜻하는 말로, 경제적인 어려움으로 인간의 가장 본능적인 부분을 포기해야 했던 2000년대 초중반 젊은 세대를 표현했던 신조어였다.

김 교수는 "젊은이들의 사정은 현재도 별반 다르지 않다."라고 지적했다. 통계에 따르면, 20~30대 젊은 층 가운데 한 달 수입이 200만 원 미만인 근로자가 45%로 나타났다. 지금도 2000년대 초중반처럼 일자리 자체는 물론 양질의 일자리 부족으로, 경제적으로 어려운 젊은 층이 많다.

김 교수는 "아바타 결혼은 경제적인 어려움을 겪는 젊은이들의 새로운 결혼 문화"라고 진단했다. 그러면서 "실제 결혼 기피는 당연히 출산율 저하로 이어질 수밖에 없고, 인구 감소는 더욱 가속화될 것"을 염려하며 "아바타 결혼이 실제 결혼으로 이어질 수 있는 정책 마련을 정부에 촉구"했다.

손석구 기자
sonskoo@METABUS.teller.kr

Check it up 3 의문

나는 실재할까?

메타버스는 우리가 한 번도 경험하지 못한 새로운 세상이야.

그래서 새로운 의문들이 등장할 수 있어.

그런데 어떤 의문은 전혀 새롭지 않기도 해.

누군가 던졌던 질문과 맥을 같이 하기도 하고,

누군가 말했던 답과 비슷해 보이기도 하거든.

그런 의문들을 생각해 볼까?

의문 그 소녀에게 필요한 사람은?

대학병원에서 소아정신과 상담을 3년째 하고 있던 어느 날이었다.

한 어머니가 상담실을 찾았다.

"자제분이 어디가 불편한가요?"

내 환자는 어린이나 청소년인데, 어머니 혼자였다.

어머니는 한숨을 쉬며 말했다.

"제 딸아이가 메타버스에서 도무지 나오려 하지를 않아요.

하루 종일 메타버스 속에서 헤매고 다녀요."

'메타버스 중독이군.' 하고 생각하는 순간, 어머니가 말했다.

"이 세상은 실제로 존재하는 게 아닐 수 있대요."

뜻밖의 말에 고개를 갸웃하는 내게

어머니는 IC 카드 하나를 건넸다.

"우리 민서의 메타버스 접속 데이터예요.

이걸 보시면 제 말을 이해하실 거예요."

나는 곧 IC 카드를 열어, 민서가 접속했던 행성 목록을 살펴보았다.

메타버스 중독과는 확실히 달랐다.

보통 메타버스 중독은 그 옛날 게임 중독처럼

하나 혹은 몇 개의 행성만 집중적으로 접속한다.

학교 가는 시간도 잊고 잠을 자지도 않는다.

하지만 민서는 등교 시간에 맞춰 학교에 갔고,

수업도 제대로 한 듯싶었다.

잠을 잘 시간에는 메타버스에 접속하지 않았다.

다만 시간이 날 때마다 쉼 없이 다양한 행성을 돌아다녔다.

그 행성들은 소녀들을 중독시키는 곳들도 아니었다.

나는 동영상을 하나씩 클릭해 보기 시작했다.

민서는 하나의 행성 안에서도 쉼 없이 돌아다녔다.

그런데 특이한 행동이 보였다.

민서는 행성의 모든 것을 만져 보려고 하는 것 같았다.

숲으로 둘러싸인 '진짜 마다가스카르'에서는

모든 나무와 잎사귀를 손으로 만져 보았다.

가시가 돋친 나무에 손가락을 찔리자

붉게 배어 나오는 피를 다른 손가락으로 만져 보기도 했다.

'안드로메다 613'은 건물들이 보석으로 치장된 행성이었다.

햇볕이 들면, 보석들이 햇빛을 반사해서

행성 전체가 클럽의 조명처럼 색색으로 반짝였다.

민서는 그 빛 사이를 폴짝폴짝 뛰어 돌아다니며

색색의 빛에 손을 넣어 봤다.

'제 45679B-123 은하'는 희귀한 동물들의 서식지로 유명한 곳이었다.

민서는 희귀한 동물들을 모두 만져 보는 것은 물론

동물들이 싼 똥에까지 손을 댔다.

도대체 왜 저런 행동을 하는 걸까?

나는 민서를 만나기 위해 메타버스에 접속했다.

맑은 시냇물이 흐르는 숲에 민서가 서 있었다.

민서에게 신분을 밝힌 나는 시냇물에 손을 씻으며 말했다.

"와, 시원하다!"

민서가 나를 물끄러미 쳐다보았다.

"그래요? 시원해요? 정말?"

"응! 넌 안 시원하니?"

민서는 내 손을 멀뚱하게 바라보다 말했다.

"시원해요. 그런데 이게 정말 시원한 걸까요?"

내가 고개를 갸웃하자, 민서가 표정 없이 말했다.

"여기는 메타버스 안이잖아요. 가상의 공간.

그리고 이 물은 가상의 물이고, 저조차 저의 가상인 아바타예요.

그런데 어떻게 시원할 수 있죠?"

나는 웃으며 대답했다.

"그야, 그렇게 프로그래밍됐으니까."

민서는 고개를 끄덕였다.

"그렇죠. 프로그래밍돼서 시원하게 느껴지는 거죠?

가상인 거죠. 그런데……."
민서는 뭔가 할 말이 많은 표정이었다.

"그러면 우리가 현실, 아니 현실이라고 믿는 곳에서
물이 시원하다고 느끼는 건
정말 물이 시원하기 때문일까요?
그것 역시 프로그래밍된 게 아닐까요?"

메타버스에서 강물에 손을 담갔을 때 시원하다고 느끼는 건
그렇게 프로그래밍되었기 때문이다.
그런데 현실에서 강물에 손을 담갔을 때 시원하다고 느끼는 까닭을
실재하는 강물 때문이라고 할 수 있을까?
더 나아가 메타버스의 모든 것이 프로그래밍된 것인 것처럼
현실에 실재한다고 믿는 모든 것이
프로그램이 아니라고 어떻게 확신할 수 있을까?

민서는 다시 물었다.
"그리고 선생님, 저는 진짜 내가 누구인지도 모르겠어요.
선생님과 지금 마주하고 있는 아바타가 저인지

제 방에서 고글을 쓰고 있는 제가 저인지."

민서는 괴로운 듯 말을 이었다.

"그래서 메타버스 속을 돌아다니는 거예요.

현실이라고 믿는 곳에서는 갈 수 있는 곳은 다 가 봤거든요.

물어볼 수 있는 사람들에게 다 물어보고.

하지만 답을 찾을 수 없었고, 답을 해 주는 사람도 없었어요."

민서는 눈물을 글썽이며 물었다.

"이런 저……, 정신과 치료를 받아야 하는 거예요?"

나는 고개를 가로저었다.

그리고 장자의 이야기부터 들려주었다.

옛날 중국에 장자라는 철학자가 있었다.

어느 날, 깜빡 잠든 그는 꿈을 꾸었다.

한 마리 나비가 되어 훨훨 날아다니는 꿈이었다.

잠에서 깨어난 장자는 중얼거렸다.

"어찌 이리 진짜 같단 말인가!"

장자는 자기도 모르게, 제 두 어깨를 내려다보았다.

지금도 어깻죽지에서 날개가 팔락이는 것만 같았다.

그런데 문득 이런 생각이 들었다.

"나비가 내가 된 꿈을 꾸고 있는 건 아닐까?"

장자는 자기도 모르게 중얼거렸다.

"내가 나비인가, 나비가 나인가!"

ⓒ ko.wikipedia.org

호접몽
수많은 화가가 장자의 나비 꿈 이야기를 작품으로 남겼어.
"내가 나비인가, 나비가 나인가?"라는 장자의 의문에 공감하는 사람이 많았기 때문이야.

민서는 눈을 반짝였다.

"제가, 내가 아바타인지 아바타가 나인지 의문을 가졌던 것처럼 장자도 자기가 나비인지 나비가 자기인지 의문을 가졌군요!"

나는 고개를 끄덕이며 말했다.

"그래. 지금 네가 품고 있는 의문은

약 2400년 전에 살았던 장자가 품었던 의문과 닿아 있고,

약 400년 전 데카르트라는 철학자가 품었던 의문과도 연결돼.

'나는 누구인지

실재하는 건 무엇인지……?'

이 질문은 우리 인간의 역사에서

처음부터 지금까지 쭉 이어져 온 **철학적 질문**이야.

메타버스의 시대는 그 의문을 더욱 증폭시키지.

그리고 우리는 함께 그 답을 찾으려고 노력해야 해.

그래야 내가 누구인지, 인간이 어떤 존재인지 알 수 있고

우리가 살아가는 세상을 바르게 이해할 수 있으니까."

확실히 민서에게 필요한 건 소아정신과 의사가 아니라

민서와 같은 의문을 품고 있었던 철학하는 인간으로서의 나였다.

민서와 나는 서로에게 도움을 주는 친구가 되기로 약속했다.

Another Round

우리는 Next Level!

이 책을 보고 메타버스에 대해 어떤 시각을 갖게 됐는지
그래픽 오거나이저 Graphic Organizer 로 표현해 보자!

메타버스 디자이너가 되어 보자!
너는 메타버스에 어떤 공간을 만들고 싶니?
만들고 싶은 메타버스를 생각해 봐.

이름:
테마:

특징:

이름:
테마:

특징:

내가
만들고 싶은
메타버스

이름:
테마:

특징:

이름:
테마:

특징:

네가 만들고 싶은 메타버스 가운데 하나를 골라.
그리고 그 메타버스에서 너의 역할을 생각한 뒤,
그 역할에 맞게 캐릭터를 창조해 봐.

_____ 에서

나의 이름은 _____이다.

나의 역할은

_____

캐릭터 그리기

네가 만든 메타버스 속 너와 현실의 너를 비교해 보자.
다른 점은 무엇이고 같은 점은 무엇이니?

메타버스 속　　　　메타버스 속 나와　　　　현실 속
나만의 특징　　　　현실 속 나의 공통점　　　나만의 특징

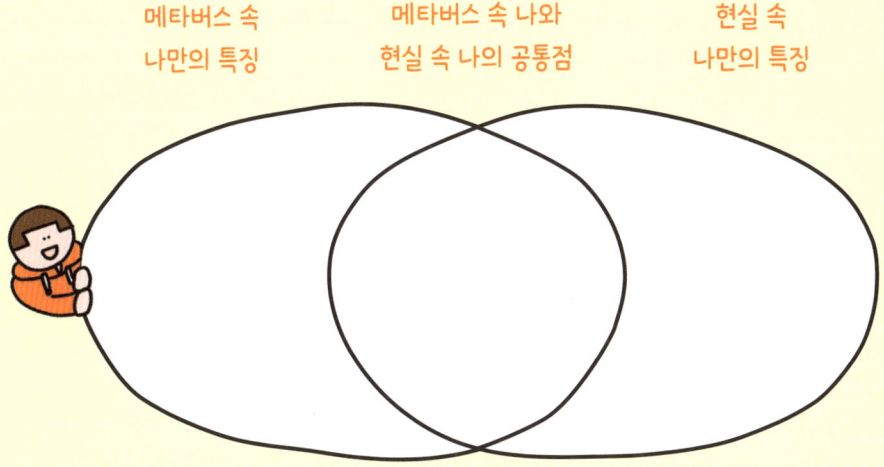

143

글 원종우·최향숙 그림 젠틀멜로우

초판 1쇄 펴낸 날 2024년 3월 29일
기획 CASA LIBRO **편집장** 한해숙 **편집** 신경아 **디자인** 최성수, 이이환
마케팅 박영준, 한지훈 **홍보** 정보영, 박소현 **경영지원** 김효순
펴낸이 조은희 **펴낸곳** ㈜한솔수북 **출판등록** 제2013-000276호
주소 03996 서울시 마포구 월드컵로 96 영훈빌딩 5층
전화 02-2001-5822(편집), 02-2001-5828(영업) **전송** 02-2060-0108
전자우편 isoobook@eduhansol.co.kr **블로그** blog.naver.com/hsoobook
인스타그램 soobook2 **페이스북** soobook2
ISBN 979-11-93494-39-4, 979-11-93494-29-5(세트)

어린이제품안전특별법에 의한 제품 표시
품명 도서 | 사용연령 만 7세 이상 | 제조국 대한민국 | 제조사명 ㈜한솔수북 | 제조년월 2024년 3월

ⓒ 2024 원종우·최향숙·젠틀멜로우·CASA LIBRO

⁎저작권법으로 보호받는 저작물이므로 저작권자의 서면 동의 없이
 다른 곳에 옮겨 싣거나 베껴 쓸 수 없으며 전산장치에 저장할 수 없습니다.
⁎값은 뒤표지에 있습니다.

큐알 코드를 찍어서
독자 참여 신청을 하시면
선물을 보내 드립니다.

한솔수북의 모든 책은
아이의 눈, 엄마의 마음으로 만듭니다.

야무진 10대를 위한 미래 가이드
넥스트 레벨은 계속됩니다.

❶ 인공지능
조성배·최향숙 지음

❷ 메타버스
원종우·최향숙 지음

❸ 우주 탐사 (근간)
이정모·최향숙 지음

❹ 자율 주행 (근간)
서승우·최향숙 지음

❺ 로봇 (근간)
한재권·최향숙 지음

❻ 기후위기와 에너지 (근간)
곽지혜·최향숙 지음

❼ 바이러스와 백신 전쟁 (근간)

❽ 생명공학 (근간)

❾ 뇌과학 (근간)

❿ 과학 혁명 (근간)